Simple dishes

Frank Buchholz

Simple dishes

einfache Rezepte – ganz schön raffiniert

FALKEN

Inhalt

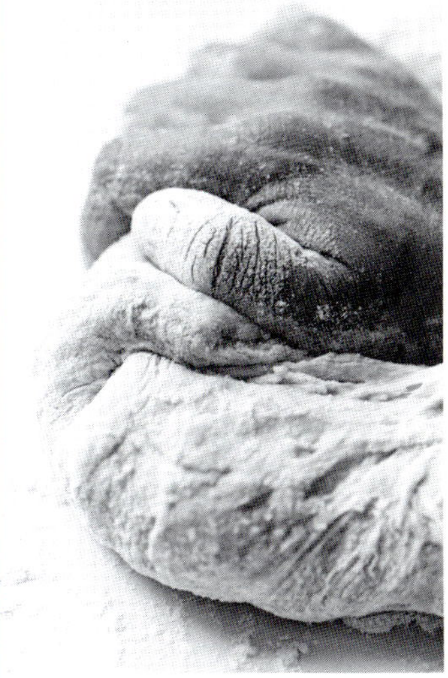

simple dishes – raffiniert einfach

Zugegeben: Ich habe lange überlegt, ob ich mein neues Buch wirklich „simple dishes“ nennen sollte. Aber die zwei Wörter bringen das Thema Essen und Genießen auf den Punkt. Simplicity – Einfachheit – ist eines der Zauberwörter, die den neuen kulinarischen Trend bezeichnen. Wer hat denn heute noch Zeit und Lust stundenlang in der Küche zu stehen? Niemand. Deswegen handeln meine Rezepte von einfachen Speisen, simple dishes, aber verblüffend effektvoll zubereitet.

Kreativität bedeutet doch nichts anderes, als verschiedene Produkte harmonisch zu vereinen. Und oft sind es die einfachen aber ungewöhnlichen Kombinationen, die ein Gericht in den Adelsstand erheben wie beispielsweise meine asiatische Minestrone, eine Tomaten-Vanille-Suppe oder eine Paella aus Graupen.

„Das Auge isst mit“ – dieser Spruch mag abgedroschen klingen, aber er stimmt. Eine witzige Dekoration auf dem Teller und auf dem Tisch sorgt für zusätzlichen Genuss. Mozzarella auf einem grünen Zitronenblatt serviert sieht appetitlich aus. Schaschlikspieße lassen sich wunderbar statt mit Fleisch mit kleinen Muschelstücken spicken und mit buntem Gemüse dekorieren.

Weinblätter sind wahre Hingucker und Multitalente, die sich mit den unterschiedlichsten Produkten füllen lassen. Ebenso eignen sich Reis- und Bambusblätter als verblüffende Verpackungskünstler, die in jeden Haushalt gehören. Asiatische Lebensmittelläden sind ein Eldorado zum Einkaufen. Stäbchen, Muscheln, Dim-Sum-Körbchen, viereckige japanische Lack- oder Porzellanschälchen, auf denen die Rote-Bete-Lasagne gleich

wirkungsvoller aussieht. Man kann auf Teller auch ganz verzichten und so manche Speise auf Bananenblättern servieren, zum Beispiel meine gefüllten Paprikaschoten oder Zander im Frühlingsrollenteig. Das ist originell und praktisch zugleich: Man spart den Abwasch.

Qualität – das Geheimnis des Erfolgs

Der Erfolg für das Gelingen einer Speise fängt allerdings beim Einkauf an. Als Sohn einer Metzgerfamilie weiß ich, wie wichtig die Qualität der Produkte ist. Kein noch so guter Koch kann aus schlechter Ware ausgezeichnete Gerichte zaubern. Aus einem alten Gaul kann man kein Rennpferd machen. Und bei meiner Arbeit als Küchenchef, sei es im Landhaus „Zu den Rothen Forellen“ im ehemaligen Grenzgebiet der DDR, sei es im Frankfurter „Brückenkeller“, habe ich immer nur bei Händlern oder Kleinbauern gekauft, von denen ich wusste, wo die Produkte herkamen.

Im Jahr 1999 wurde ich vom Restaurantführer „Gault Millau“ zum „innovativsten Koch des Jahres“ gewählt, weil ich mich beim Kochen an „keine Regel, Konvention oder Lehrmeinung halte“.

Natürlich war das nicht immer so und auch ich musste mich an bestimmte Vorschriften halten. Meine Lehr- und Wanderjahre waren oft eine harte Schule. Aber sie waren die Grundlage für weiteres Schaffen. In einem Sterne-Restaurant werden die Speisen alles andere als schnell zubereitet. Dabei konnte ein einfaches Gericht wie eine Kalbshaxe mehr Arbeit machen als der Gast vermuten würde. Als Koch muss man die ganze kulinarische Bandbreite beherrschen – die Pflicht und die Kür. Bei Sternekoch Heinz Winkler in Aschau – damals leitete er noch die Brigade im „Tantris“ in München – habe ich zweifelsohne das meiste gelernt. Die Liebe zum Detail, die penetrante Genauigkeit bei der Zubereitung der Speisen. Aber neben der großen Sterneküche ist mir manchmal ein Stück Rinderbrust mit Meerrettich lieber.

Das Beste aus der klassischen Küche

Grundlagen meiner Rezepte sind deshalb Elemente aus althergebrachten Gerichten. Klassiker aus den verschiedensten europäischen und asiatischen Ländern, die ja meist aus einer Arme-Leute-Küche entstanden sind. Fish and Chips beispielsweise war das Lieblingsessen der englischen Arbeiter im vorigen Jahrhundert. Die panierten und gebratenen Fischscheiben mit Pommes frites wurden zum Dauerbrenner und sind es heute noch. Der Vorläufer des Fastfood ist darüber hinaus auch noch gesund. Kartoffeln liefern Vitamine, Fisch Proteine. Ich peppe das Allerweltgericht mit Petersilien-Vanille-Sauce auf und tauche vorher die frischen Fischstückchen in einen Teig aus Mehl, Salz, Bier, Sesam und Mohn.

Eines hatte die Arme-Leute-Küche weltweit gemein: die Suppen. In ihr konnte sich alles vereinen, was gerade zur Verfügung stand. Stundenlang konnten die Zutaten gemeinsam vor sich hinköcheln, um als wohlschmeckende und nahrhafte Speise verzehrt zu werden. Die Germanen bevorzugten Getreide, Hülsenfrüchte und Fleisch. Die arabischen Köche verwendeten hauptsächlich Gemüse und sie erfanden ein trickreiches Prinzip: den Doppeltopf. Über dem Eintopf stand ein Aufsatz mit durchlöchertem Boden, in dem Couscous durch den Dampf der unteren Speise gar ziehen konnte. Die Chinesen wenden das gleiche System an, nur mit dem Unterschied, dass sie Reis verwenden. Leider kam dann die Zeit, wo Suppen als Dickmacher galten. Einige Köche machten sie durch Zugabe von Mehl etwas breiiger. Heute gibt es andere Methoden, ihnen eine festere Konsistenz zu verleihen zum Beispiel durch Pürieren von Kartoffeln oder Gemüse.

Inzwischen sind Suppen wieder salonfähig. Der beliebteste Edeleintopf ist heute die französische Bouillabaisse. Früher wurde sie von den Fischersfrauen aus unverkäuflichen Fischen – entweder waren sie zu klein oder hatten zu viele Gräten – geköchelt. Nun zieren feinste Edelfischstücke das schlichte Gericht. Auch das Gazpacho, die kalte Sommersuppe der Spanier, war ein Essen der unteren Schichten. Die Zutaten konnten sich die Ärmsten, meist die Bauern, gerade leisten: Brot, Öl, Essig und Knoblauch. Auf diese Weise wurde altes Brot weiterverwertet.

Dem Brot widme ich einige Rezepte, weil die Deutschen Weltmeister im Brotessen sind und weil es vielseitig ist. Das flache Brot, der Fladen, wurde von den Arabern erfunden. Die Türken füllen ihre Fladen mit Fleisch, die Mexikaner essen ihre Tacos und Tortillas entweder als Beilage oder füllen sie mit den unterschiedlichsten Gemüsen. Aber auch das italienische Brot rangiert in der Beliebtheitsskala ganz oben: Ciabatta, Toskaner, Oliven- und Walnuss- und Früchtebrot – der Fantasie sind keine Grenzen gesetzt.

Auf Luxusprodukte wie Hummer und Austern habe ich verzichtet, auch wenn sie ihre kulinarische Laufbahn einst ganz unten begannen. Als in England die Fish-and-Chips-Läden massenweise eröffneten, aßen die Iren weiterhin Austern und Garnelen. Die waren billiger als Fish und Chips.

Manche Lebensmittel fielen von der Karriereleiter hinunter, wie die Kartoffel. Sie war einst eine teure Viktualie. Doch nachdem die Europäer entdeckten, wie einfach sie zu züchten und zu lagern war, wurde sie rasch ein Allerweltsprodukt.

Vom einfachen Klassiker zum raffinierten Einzelstück

Aber wie weckt man Klassiker wie Rinderroulade, Kartoffeln oder Pommes frites aus ihrem Dämmerschlaf? Wie macht man aus einem biederen Kartoffelpüree ein ungewöhnliches Hauptgericht und aus Milchreis ein aufregendes Dessert? Indem man in den Töpfen der Welt stöbert. Exotische Zutaten ausprobiert, mit heimischen Gewächsen kombiniert – frech, mutig und verrückt ohne abzuheben.

Ich serviere Ihnen „Spaghetti Bolognese“, aber nicht ganz so klassisch mit Hackfleisch, sondern mit Fischstückchen. Pommes frites hülle ich in eine Kruste aus Koriander und Chili, das Regionalgericht der Schwaben „Spätzle“ bereite ich mit italienischer Pesto-Sauce und die Paella mit Graupen zu.

Ich habe versucht, kulinarische Traditionen mit modernen Elementen zu vereinen. Dabei herausgekommen sind raffiniert zubereitete Speisen. Bon appetit!

Ihr Frank Buchholz

Hinweise zu den Rezepten

Die Abkürzungen

TL = Teelöffel (gestrichen)

EL = Esslöffel (gestrichen)

Msp. = Messerspitze

g = Gramm (1000 g = 1 kg)

kg = Kilogramm

ml = Milliliter (1000 ml = 1 l)

l = Liter

ca. = circa

°C = Grad Celsius

TK = Tiefkühl

Ø = Durchmesser

W = Watt

Portionsgrößen

Die Rezepturen sind, mit wenigen Ausnahmen, auf 4 Personen ausgelegt. Wenn Sie für mehr oder weniger Personen kochen, erhöhen oder verringern Sie die Zutatenmengen einfach entsprechend.

Dauer der Zubereitung

Hier steht die Zeit, die Sie brauchen, um das ganze Gericht zuzubereiten. Sollten dabei längere Zeitspannen auftreten, in denen Sie nichts zu tun haben, so sind diese gesondert als Ruhezeit, Zeit zum Durchziehen, Garzeit usw. aufgeführt.

Zutatenmengen

Wenn nicht anders angegeben, wird bei Obst und Gemüse von ungeputzter Rohware ausgegangen. Bei Stückangaben (z. B. Zucchini, Paprikaschote, Zwiebel) beziehen wir uns auf ein Stück mittlerer Größe.

Backofentemperaturen

Sie beziehen sich auf den Elektroherd mit Ober- und Unterhitze. Wenn Sie mit Umluft arbeiten, reduzieren Sie die Temperaturen um 20%. Die Backzeit bleibt gleich. Haben Sie einen Gasofen, richten Sie sich bitte nach den Herstellerangaben.

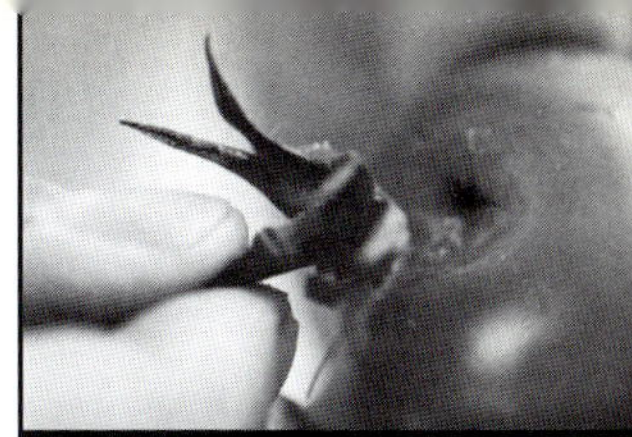

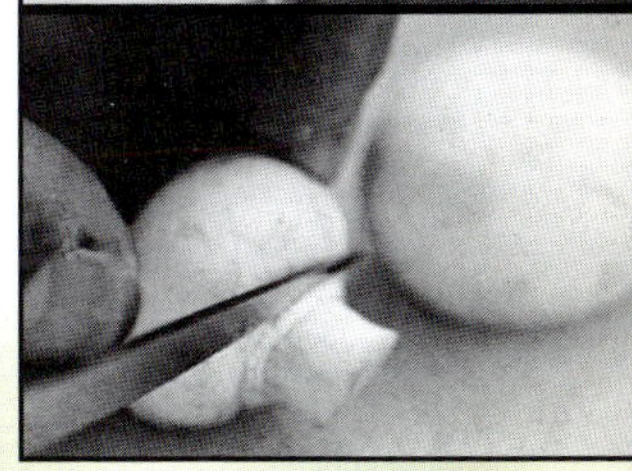

Wundertüte der Natur: Gemüse und Salat

einfach raffiniert

Das Beeindruckendste am Gemüse ist seine Vielfalt. Zubereitet werden die vitaminreichen Überraschungskünstler diesmal ganz anders: Denn oft ist es nur ein kleiner Trick, der Gutes zu etwas Besonderem macht: Beim gebratenen Spargel ist es die Walnuss-Tomaten-Hollandaise, beim Risotto ist es der braune Fenchel und bei der Minestrone sind es die scharfen Chilischoten. Hinreißend lecker und wunderbar unkompliziert. Eine unbeschwerte Reise durchs farbige Schlaraffenland mit Zucchini, Paprika, Linsen und Co.

Minze

Die Minze mit ihrem charakteristischen Duft und erfrischenden Geschmack ist von Asien bis Europa eine traditionelle Würzzutat, etwa im Tabbouleh-Salat aus dem Nahen Osten, im griechischen Tzatziki oder in der englischen Minzsauce.

Italienischer Salat mit Hering

Als Vorspeise

Dauer: ca. 20 Minuten

Für 4 Personen

- 4 Bund Rucola
  4 Eier- oder Strauchtomaten
  4 Heringsfilets in der Salzlake
- 200 g Mozzarella
  Salz, Pfeffer
  4 EL Aceto balsamico
  4 EL Kürbiskernöl
  8 EL Olivenöl
- 40 g Minze
  40 g Parmesan
  30 g Pinienkerne
  1 Prise Zucker

1 Den Rucola verlesen, waschen, trocknen und die Stiele entfernen. Die Tomaten waschen und jede Frucht in 4 Scheiben schneiden, dabei die Stielansätze entfernen. Die Tomatenscheiben auf eine Platte legen. Jedes Heringsfilet in 4 Stücke portionieren.

2 Den Mozzarella in Scheiben schneiden und auf die Tomaten verteilen. Den Käse mit Salz und Pfeffer würzen. Die Heringsstücke darauf legen, wiederum würzen und mit etwa der Hälfte von Aceto balsamico, Kürbiskernöl und Olivenöl beträufeln.

3 Die Minze waschen, trocknen und die Blättchen in feine Streifen schneiden. Den Parmesan fein reiben. Restlichen Essig und restliches Öl mit Minzeblättchen, Parmesan und Pinienkernen vermischen. Den Rucola damit marinieren. Den Salat mit Salz, Pfeffer und Zucker abschmecken.

4 Den Rucolasalat in der Mitte der Portionsteller anrichten und jeweils 4 der belegten Tomatenscheiben rundum verteilen.

Physalis

Physalis, auch Kapstachelbeeren genannt, sind kirschgroße Beeren in einer papierartigen Hülle. Reife Beeren sind gelb bis orange und haben einen erfrischenden süß-säuerlichen Geschmack, der an Stachelbeeren und Ananas erinnert.

exotisches Ratatouille

Als Hauptgericht

Dauer: ca. ½ Stunde

Für 4 Personen

- 2 Schalotten
  je 1 rote, gelbe und grüne Paprikaschote
  je 1 grüne und gelbe Zucchini
  1 Babyananas
  10 Physalis
- Olivenöl zum Braten
  2 EL Tomatenmark
- je 1 Zweig Thymian und Rosmarin
  3 EL Knoblauchöl
  200 ml Geflügelbrühe
- Salz, Pfeffer
  1 Prise geriebene Muskatnuss
  1 TL Kurkumapulver
  4 Kaffirlimettenblätter

1 Die Schalotten schälen. Paprikaschoten waschen, halbieren, Stielansätze, Kerne und weiße Trennwände entfernen. Die Zucchini waschen und putzen. Alles getrennt in kleine Würfel schneiden. Die Babyananas schälen, vierteln, den Strunk herausschneiden und die Ananas ebenfalls in Würfel schneiden. Die Physalis von ihrer Hülle befreien, waschen und vierteln.

2 Alle Zutaten nacheinander in einer Pfanne in heißem Olivenöl anschwitzen – zuerst Schalotten und Paprika anschwitzen, dann die Zucchini zugeben und zuletzt Ananas und Physalis. Wenn die Zutaten etwas Farbe angenommen haben, das Tomatenmark beigeben und kurz mitrösten.

3 Die Kräuterzweige waschen, trocknen und mit dem Knoblauchöl in die Pfanne geben. Alles mit Geflügelbrühe ablöschen. Die Brühe einkochen lassen, bis sie leicht gebunden ist. Dann die Kräuterzweige herausnehmen.

4 Die Ratatouille mit Salz, Pfeffer, Muskat und Kurkuma abschmecken. Die Kaffirlimettenblätter waschen, in feine Streifen schneiden und beigeben.

Tipp

Lassen Sie den vorbereiteten Artischockenboden nicht an der Luft liegen, sonst verfärbt er sich dunkel. Daher das Wasser bereits vor dem Anschneiden der Artischocke zum Kochen aufsetzen und den Artischockenboden sofort hineingeben.

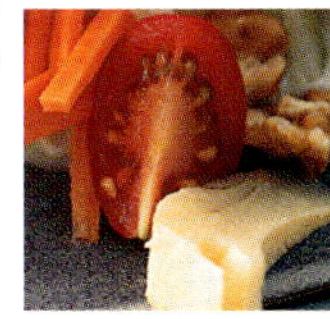

„Waldorfsalat“ mit Roquefortdressing

Als Vorspeise

Dauer: ca. ¾ Stunde

Durchziehen: ca. ½ Stunde

Für 4 Personen

▶ 1 kleine Sellerieknolle
1 kleine Stange Staudensellerie
2 Möhren

▶ 1 Artischocke
100 g Walnüsse
5 Kirschtomaten

▶ 100 g Roquefort
6 EL Sahne
2 EL Chablis oder weißer Burgunder
5 EL Zitronensaft
3 EL Öl
Pfeffer
abgeriebene Schale von
1 unbehandelten Orange

1 Sellerieknolle und Staudensellerie waschen und putzen. Die Möhren schälen und alles in hauchdünne Stifte schneiden.

2 In einem Topf etwa ½ l Salzwasser zum Kochen bringen. Von der Artischocke mit einem scharfen Messer den Stiel und die Blätter abschneiden. Vom Artischockenboden mit einem Löffel das Heu abschaben und den Boden sofort ins kochende Wasser legen. Den Artischockenboden 10 bis 15 Minuten garen, herausnehmen, abkühlen lassen und würfeln. Die Walnüsse hacken, Kirschtomaten waschen und in Viertel schneiden.

3 Den Roquefort passieren, mit Sahne, Wein und Zitronensaft glatt rühren. Das Öl darunter schlagen und das Dressing mit Pfeffer und der abgeriebenen Orangenschale abschmecken. Das Dressing mit allen anderen Zutaten vermischen und den Salat vor dem Anrichten etwa 30 Minuten ziehen lassen.

Risotto mit braunem Fenchel

Als Beilage

Dauer: ca. 20 Minuten

Für 4 Personen

▶ 300 ml Rinder- und/oder Geflügelbrühe
280 g Carnaroli-Reis
3 TL Butter

▶ 1 Hand voll frisches Grün vom braunen Fenchel
6 EL frisch geriebener Parmesan

1 Die Brühe in einem Topf zum Kochen bringen, dann Reis und Butter hineingeben. Den Reis bei mittlerer Hitze leise köcheln lassen; ab und zu mit einem Holzlöffel umrühren.

2 Das Fenchelgrün waschen und trocknen. Nach 7 Minuten Garzeit gut die Hälfte des Fenchelgrüns mit einer Schere direkt in den Reistopf schneiden.

3 Wenn der Reis bissfest gegart ist und die Flüssigkeit nahezu vollständig aufgenommen hat (der Reis sollte weder zu trocken noch zu nass sein), den Topf vom Herd nehmen und den Parmesan unterrühren.

4 Den Risotto vor dem Servieren noch 2–3 Minuten zugedeckt ruhen lassen, dann auf tiefe Teller portionieren. Das restliche Fenchelgrün klein schneiden und den angerichteten Risotto damit bestreuen.

5 Dieser Risotto kann zu den frittierten gefüllten Paprikaschoten auf der nebenstehenden Seite gereicht werden.

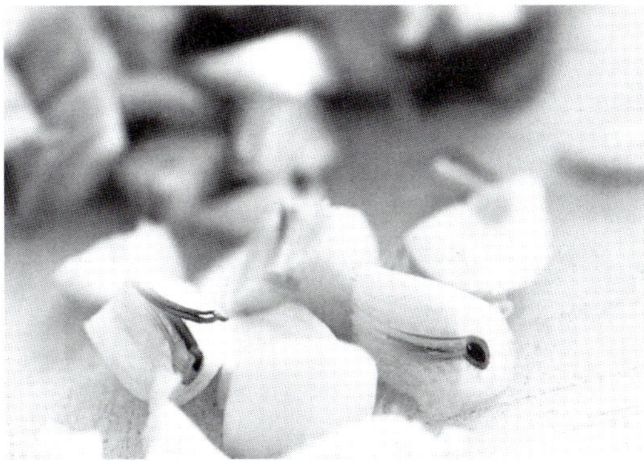

Erdnussöl

Erdnussöl verträgt relativ hohe Temperaturen und ist deshalb sowohl zum Braten als auch zum Frittieren gut geeignet. Europäisches helles Erdnussöl schmeckt mild nussig, das dunklere asiatische Öl ist intensiver im Geschmack.

frittierte gefüllte Paprikaschoten

Als Hauptgericht

Dauer: ca. 50 Minuten

Für 4 Personen

- 8 lange milde oder 4 glockenförmige grüne Paprikaschoten

- 1 kleine Zwiebel
  1 Tomate
  2 frische Shiitake-Pilze
  50 g grüne Bohnen
  3 Knoblauchzehen, geschält und halbiert
  3 Baby-Maiskolben

- 4 EL Erdnussöl
  ½ TL Zucker
  1 EL Sojasauce
  ¼ TL Salz
  1 TL Pfeffer
  2 Eier

- 3 EL Speisestärke
  ½ TL Salz
  ¼ TL Pfeffer
  Erdnussöl zum Frittieren
  Schnittlauch zum Garnieren

1 Die Paprikaschoten waschen, jeweils einen Deckel abschneiden, Kerne und weiße Trennwände entfernen.

2 Die Zwiebel schälen und fein hacken. Die Tomate über Kreuz einritzen, kurz in kochendes Wasser geben und abschrecken. Die Haut abziehen, die Tomate entkernen und in Würfel schneiden. Die Pilze putzen und in feine Streifen schneiden. Die Bohnen waschen, putzen und in feine Scheibchen schneiden. Knoblauch schälen, wie die Baby-Maiskolben grob zerkleinern und pürieren.

3 3 Esslöffel Öl im Wok oder in einer Pfanne erhitzen und die Zwiebel darin 30 Sekunden anbraten. Tomaten und Pilze zugeben, unter Rühren 1 Minute braten. Dann die Bohnen 30 Sekunden mitbraten. Maispüree, Zucker, Sojasauce, Salz, Pfeffer und übriges Öl zugeben. Die Eier aufschlagen und unterrühren. Die Mischung noch 2 Minuten braten, dann auf einen Teller geben. Möglichst viel von der Gemüsefüllung in die Paprikaschoten geben.

4 Stärke, Salz und Pfeffer mit 50 ml Wasser verrühren. Im Wok oder in einem Topf das Frittierfett auf gut 180 °C erhitzen (ein hineingetauchter Würfel Weißbrot ist in etwa 40 Sekunden goldbraun). Die Hälfte der Paprikaschoten durch den Teig ziehen, im Öl rundum goldgelb frittieren, herausheben und abtropfen lassen. Mit den übrigen Paprikaschoten ebenso verfahren. Paprikaschoten auf einer Platte anrichten, mit Schnittlauch garnieren und sofort servieren. Dazu passt gut der nebenstehende Risotto.

Dal

Das gelbe Mungdal muss im Gegensatz zu ganzen Mungobohnen vor der Verwendung nicht eingeweicht werden. Damit ist diese Suppe ein wahres „Blitzgericht" unter den Gerichten mit getrockneten Bohnenkernen.

asiatische Minestrone

Als Vorspeise

Dauer: ca. 1 Stunde

Für 4 Personen

- 2 Zwiebeln
  2 Knoblauchzehen
  ein kleines Stück frische Ingwerwurzel (ca. 20 g)
  je 1 TL Bockshornklee-, Koriander- und Kreuzkümmelsamen
  3–4 getrocknete kleine rote Chilischoten
- 6 EL Öl
  60 g Mungdal (geschälte, halbierte Mungobohnen)
  Salz
  ½ TL Kurkumapulver
- 1 l Gemüsebrühe
  2 Kaffirlimettenblätter
- 2 kleine Auberginen (etwa 500 g)
  je 1 rote und gelbe Paprikaschote
  ¼ l ungesüßte Kokosmilch
  schwarzer Pfeffer aus der Mühle
  2 EL gehacktes Koriandergrün

1 Zwiebeln, Knoblauch und Ingwer schälen. Die Zwiebeln hacken. Knoblauch und Ingwer grob zerkleinern. Bockshornklee, Koriander, Kreuzkümmel und die Chilischoten in einer kleinen Pfanne ohne Fett bei mittlerer Hitze 3 bis 4 Minuten rösten, bis sie duften. Die Gewürze in einen Mörser füllen.

2 Etwa ½ Esslöffel Öl in der Pfanne erhitzen und das Mungdal unter Rühren braten, bis die Bohnen leicht bräunen. Ebenfalls in den Mörser geben, dazu 1 Prise Salz und alles zerreiben. Knoblauch und Ingwer dazugeben, zu einem Brei zerstampfen, das Kurkumapulver untermischen.

3 In einem Suppentopf 2 Esslöffel Öl erhitzen, die Zwiebeln darin bei mittlerer Hitze hellgelb dünsten. Die Gewürzpaste unterrühren und kurz anschmoren, die Brühe angießen. Die Kaffirlimettenblätter waschen und dazugeben. Alles zugedeckt bei schwacher Hitze etwa 20 Minuten leise köcheln lassen.

4 Inzwischen Auberginen und Paprikaschoten waschen. Paprika halbieren, Stielansätze, Kerne und weiße Trennwände entfernen und ebenso wie die Auberginen klein würfeln; mit Küchenkrepp trocknen. In einer Pfanne das restliche Öl erhitzen. Auberginen und Paprika darin bei mittlerer Hitze in 7 bis 10 Minuten unter Rühren hellbraun braten. Mit der Kokosmilch in die Suppe rühren, diese mit Salz und Pfeffer abschmecken, mit Koriandergrün bestreut servieren.

Galgant

Die cremefarbene Galgantwurzel hat einen ingwerartigen Geschmack mit einer eigentümlichen pfeffrigen Schärfe. Sie ergänzt damit die Kombination asiatischer Aromen in dieser Suppe vorzüglich.

Asiatische Kürbissuppe mit BOHNEN

Als Vorspeise

Dauer: ca. ¾ Stunde

Für 4 Personen

- etwas frisches Zitronengras
  1 kleines Stück frischer Galgant
  1 Bund Basilikum
  1 rote Paprikaschote
  ¼ TL abgeriebene Schale
  von 1 unbehandelten Limette
- 50 g grüne Bohnen
  750 g Kürbisfleisch
  2 Knoblauchzehen
  10 Schalotten
  1 frische kleine rote Chilischote
  1 EL Erdnussöl
  1 TL getrocknete gehacke
  Chilischoten
- ½ l Gemüsebrühe
  3 EL thailändische Fischsauce
  1 EL Nusssplitter
  1 TL Zucker, 1 TL weißer Pfeffer
  3 TL Currypulver
- 175 ml ungesüßte Kokosmilch
  2 TL Speisestärke

1 Zitronengras waschen, trocknen und in dünne Ringe schneiden (es wird etwa 1 Teelöffel benötigt). Galgant schälen, in Stifte und dann in feine Scheiben schneiden (es wird ebenfalls etwa 1 Teelöffel benötigt). Das Basilikum waschen, trocknen und die Blätter bis auf einige zum Garnieren hacken. Die Paprikaschote waschen, entkernen, vierteln und zusammen mit Zitronengras, Galgant, gehacktem Basilikum, abgeriebener Limettenschale und 100 ml Wasser pürieren, in ein Sieb gießen und das Wasser abtropfen lassen.

2 Die Bohnen waschen, putzen und hacken. Das Kürbisfleisch würfeln. Den Knoblauch schälen und fein hacken. Schalotten schälen und in dünne Ringe schneiden. Die Chilischote waschen, längs aufschlitzen, Stielansatz, Kerne und weiße Trennwände entfernen und die Schote hacken. Das Öl in einem großen Topf erhitzen. Knoblauch, Schalotten, frische und getrocknete Chili zugeben und alles bei starker Hitze 1 Minute pfannenrühren.

3 Abgetropftes Würzpüree, 400 ml Brühe, Bohnen, Kürbis und Fischsauce zugeben und erhitzen. Die Nussplitter in einer trockenen Pfanne kurz anrösten. Mit Zucker, Pfeffer und Currypulver unter die Suppe rühren und die Suppe 10 Minuten leise kochen lassen.

4 Die Kokosmilch zugeben und die Suppe nochmals 1 Minute kochen lassen. Die restliche Gemüsebrühe mit Speisestärke andicken. Mit Basilikumblättern garnieren.

Vanille

Traditionell in Süßspeisen aller Art verwendet, verleiht das Vanillearoma auch pikanten Speisen wie dieser Tomaten-Gemüse-Suppe ein raffiniertes Aroma. Sie ergänzt den süßen Geschmack der reifen Tomaten vorzüglich.

Tomaten-Vanille-Suppe

Als Vorspeise

Dauer: ca. 50 Minuten

Garzeit: 1 Stunde 20 Minuten

Für 4 Personen

▶ 10 sehr reife Tomaten
1 große Stange Lauch
400 g Möhren
150 g Knollensellerie
1 Zwiebel

▶ ½ Bund Petersilie
je 1 Zweig Thymian und Rosmarin
1 Lorbeerblatt
5 Vanilleschoten
¼ TL weiße Pfefferkörner
Salz
1 Geflügelbrühwürfel

▶ je 100 g Zucchini, Wirsing
und grüne Bohnen
3 Tomaten
Zucker

1 Die 10 Tomaten waschen und halbieren. Den Lauch putzen und waschen, bis auf etwa 100 g grob zerkleinern. Von den Möhren ebenfalls etwa 100 g zurückbehalten, den Rest ebenso wie den gesamten Sellerie putzen und grob zerkleinern. Die Zwiebel schälen und halbieren.

2 Die Kräuter waschen. Das vorbereitete Gemüse mit den Kräutern, dem Lorbeerblatt, den längs halbierten Vanilleschoten, Pfefferkörnern, wenig Salz, 1 ¼ l Wasser und dem Geflügelbrühwürfel in einem großen Topf aufkochen. Den entstehenden Schaum abschöpfen. Bei schwacher Hitze zugedeckt etwa 1 Stunde köcheln.

3 Den zurückbehaltenen Lauch in dünne Ringe schneiden. Übrige Möhre und die Zucchini putzen und klein würfeln. Wirsing und Bohnen ebenfalls waschen und putzen, Wirsing in dünne Streifen, die Bohnen in etwa 4 cm lange Stücke schneiden. Die Tomaten über Kreuz einritzen, kurz in kochendes Wasser geben und sofort abschrecken. Die Haut abziehen, Stielansätze entfernen, die Tomaten entkernen und in Würfel schneiden.

4 Die Gemüsebrühe durch ein feines Sieb gießen. Die Vanilleschoten herausnehmen und das ausgekochte Gemüse wegwerfen. Das Vanillemark aus den Schoten kratzen und mit Möhren, Bohnen, Wirsing und den gewürfelten Tomaten in der Brühe etwa 10 Minuten garen. Dann Lauch und Zucchini dazugeben und die Suppe noch 5 bis 10 Minuten köcheln lassen. Mit Salz und 1 Prise Zucker abschmecken.

Zitronenblätter

Die glatten glänzenden Blätter des Zitronenbaums verleihen Speisen einen herb-zitronigen Geschmack. Sie werden ebenso wie Lorbeerblätter bereits beim Garen zugegeben und nicht mitgegessen.

Basilikum-Zitronenmelisse-Pesto mit Zitronenmozzarella

Als Vorspeise

Dauer: ca. 20 Minuten

Für 4 Personen

▶ 2 Bund Basilikum
1 Bund Zitronenmelisse
2 EL Pinienkerne
2 EL frisch geriebener Parmesan
125 ml Olivenöl
Salz

▶ 8 große Zitronenblätter
200 g (Büffel-)Mozzarella
etwas Olivenöl zum Bestreichen

1 Das Basilikum und die Zitronenmelisse verlesen, waschen, trocknen und die groben Stiele entfernen. Die Kräuter grob zerkleinern und zusammen mit den Pinienkernen und dem Parmesan in den Mixer geben.

2 Während der Mixer läuft, das Olivenöl in feinem Strahl hineinlaufen lassen, sodass nach und nach eine sämige grüne Paste entsteht. Das Pesto salzen und bis zur Verwendung luftdicht verschlossen und kühl aufbewahren, sodass es sein Aroma und seine grüne Farbe behält.

3 Eine beschichtete Pfanne erhitzen. Die Zitronenblätter waschen, trocknen und jeweils beide Seiten mit etwas Olivenöl bepinseln. Den Mozzarella in dünne Scheiben schneiden und auf jedes Zitronenblatt 1 oder 2 davon legen. Den Käse mit etwas Olivenöl bestreichen.

4 Die Zitronenblätter in der Pfanne bei schwacher bis mittlerer Hitze braten, bis der Mozzarella zu schmelzen beginnt. Aus der Pfanne nehmen, 1 Teelöffel Pesto auf jedes Blatt geben und servieren. Die Zitronenblätter werden nicht mitgegessen.

Schwarze Linsen

Schwarze Linsen sind in der ägyptischen Küche gebräuchlich. Sie werden dort beispielsweise im Koshary, einem Gericht aus Linsen, Reis, Nudeln und Kichererbsen mit einer würzigen Knoblauch-Zwiebel-Sauce verwendet.

Eintopf mit SCHWARZEN Linsen

Als Hauptgericht

Dauer: ca. 35 Minuten

Für 4 Personen

- 250 g schwarze Linsen (Bioladen, Reformhaus)
  1 l Gemüsebrühe
  200 g Kirschtomaten
- 2 EL Butterschmalz
  4 getrocknete kleine rote Chilischoten
  4 Kardamomkapseln
  1 TL Kreuzkümmelsamen
  2 Lorbeerblätter
  1 Zimtstange
- 3 EL Kokosraspel
  1 EL Korinthen
  1 TL brauner Zucker
  Salz
  schwarzer Pfeffer aus der Mühle
  1 EL grob gehacktes Koriandergrün oder grob gehackte Petersilie

1 Die Linsen verlesen, waschen und in der Gemüsebrühe langsam zum Kochen bringen. Die Kirschtomaten waschen, in Stücke schneiden und dazugeben. Alles zugedeckt bei schwacher Hitze etwa 20 Minuten garen.

2 In einer kleinen Pfanne das Butterschmalz zerlassen. Die Chilischoten halbieren (evtl. die Kerne ausschütteln, in ihnen steckt ein guter Teil der Schärfe). Die Kardamomkapseln aufbrechen. Kardamomsamen und Chilischoten mit Kreuzkümmel, Lorbeer und halbierter Zimtstange im Butterschmalz bei mittlerer Hitze kurz anbraten.

3 Kokosraspel, Korinthen und Zucker in die Pfanne zu den Gewürzen geben und alles 2 bis 3 Minuten unter Rühren braten, bis die Kokosraspel leicht gebräunt sind. Die heiße Gewürzmischung unter die Linsen rühren und alles noch weitere 5 bis 10 Minuten köcheln lassen, bis die Linsen gar sind. Die Suppe mit Salz und Pfeffer abschmecken, mit Koriandergrün oder Petersilie bestreuen und heiß servieren.

Gebratener Spargel mit Walnüssen

Als Vorspeise

Dauer: ca. 30 Minuten

Für 4 Personen

- 500 g weißer Spargel
  250 g grüner Spargel
- 75 ml Walnussöl
  80 g Walnüsse
- 1 Rezept Tomaten-Hollandaise
  (siehe nebenstehendes Rezept)

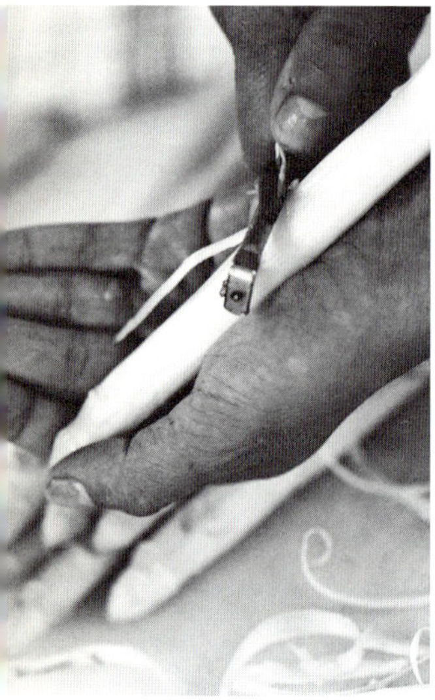

1 Den Backofen auf 200 °C vorheizen. Den Spargel waschen, schälen – den grünen Spargel nur im unteren Drittel – und holzige Enden abschneiden. Die Stangen schräg in schmale Stücke schneiden.

2 Den Spargel in einer Pfanne im heißen Walnussöl unter Rühren braten, bis er leicht Farbe angenommen hat. Die Walnüsse hacken und dazugeben.

3 Den Spargel in eine feuerfeste Form geben, die Tomaten-Hollandaise (siehe nebenstehendes Rezept) darauf verteilen und das Gericht kurz im heißen Backofen gratinieren. Die Hollandaise sollte leicht gebräunt sein.

tomaten-
Hollandaise

Als Beigabe

Dauer: ca. 20 Minuten

Für 4 Personen

- 200 g Butter

- 5 Eigelb
  100 ml Weißwein
  50 ml Champagneressig
  Salz
  Zucker
  Cayennepfeffer

- 2 Tomaten
  4 EL gehackter Oregano

1 Die Butter in einem kleinen Topf erwärmen und aufschäumen lassen und die obere Schaumschicht abschöpfen, bis die Butter klar ist.

2 Die Eigelbe mit Weißwein und Champagneressig im heißen Wasserbad mit dem Schneebesen schaumig schlagen. Sobald die Eigelbmasse eine weißliche Farbe annimmt, aus dem Wasserbad nehmen und langsam die geklärte Butter unter ständigem Schlagen einfließen lassen. Mit Salz, Zucker und Cayennepfeffer abschmecken.

3 Die Tomaten über Kreuz einritzen, kurz in kochendes Wasser geben und sofort mit kaltem Wasser abschrecken. Die Haut abziehen, Stielansätze entfernen, die Tomaten entkernen und das Fruchtfleisch in Würfel schneiden. Die Tomatenwürfel zusammen mit dem gehackten Oregano unter die Hollandaise mischen.

Global Food: Nudeln, Reis, Getreide und Kartoffeln

frech komponiert

Nudeln, Reis, Getreide und Kartoffeln haben eines gemeinsam: Sie lassen sich wunderbar kombinieren. Aber bitte keine Spaghetti mit profaner Tomatensauce oder Reis mit Hühnerfrikassee! Sondern Cross-over-Cuisine mit interessanten Zutaten aus aller Welt: Schwäbische Spätzle vereinen sich mit italienischem Pesto, in den Ravioli versteckt sich Fleischwurst und in den Wan-Tans findet sich würziges Risotto. Bon appetit beim kulinarischen Potpourri der besonderen Art!

Tipp

Die Chilischoten auf einem separaten Brett schneiden, beziehungsweise Brett und Messer nach dem Schneiden sorgfältig reinigen, sodass die anderen Lebensmittel später nicht das intensive Chiliaroma annehmen.

Pommes frites mit Koriander-Chili-Panade

Als Beilage oder Snack

Dauer: ca. 25 Minuten

Für 4 Personen

- 4 große fest kochende Kartoffeln
  Salz
- 1 Scheibe altbackenes (hartes) Toastbrot (ersatzweise 3 EL Paniermehl)
  2 frische kleine Chilischoten
  ½ Bund Koriandergrün
- Salz, Pfeffer
  1 Prise geriebene Muskatnuss
  150 g Mehl
  2 Eigelb
  Frittierfett

1 Die Kartoffeln schälen, halbieren und in etwa 2 bis 3 cm dicke, längliche Stifte schneiden. Die Kartoffelstifte in kochendem Salzwasser kurz blanchieren, mit kaltem Wasser abschrecken, abtropfen lassen und trockentupfen.

2 Für die Panade das Toastbrot von der Rinde befreien und mit Hilfe einer Küchenmaschine zu Bröseln verarbeiten. Die Chilischoten waschen, längs aufschlitzen, Stielansatz, Kerne und weiße Trennwände entfernen und die Schoten fein hacken. Das Koriandergrün waschen, trocknen und ohne die groben Stiele ebenfalls fein hacken. Beides mit den Bröseln vermischen.

3 In einem hohen Topf oder in einer Fritteuse das Frittierfett auf etwa 170 °C erhitzen (ein hineingetauchter Würfel Weißbrot ist nach 1 Minute goldbraun). Die Kartoffelstifte zunächst mit Salz, Pfeffer und Muskat würzen, dann im Mehl wälzen. Die Eigelbe mit etwas Wasser ermischen. Die Kartoffelstifte durch die Eigelb-Wasser-Masse ziehen, in der Panade wälzen. und im heißen Fett goldgelb frittieren; auf Küchenkrepp abtropfen lassen.

Tipp

Wie viele andere Obstsorten eignen sich auch Mangos mit ihrem pfirsichähnlichen Geschmack hervorragend für die Kombination mit pikanten Begleitern. Reife Früchte erkennt man am ausgesprochen aromatischen Duft.

fruchtiger Glasnudelsalat

Als Vorspeise

Dauer: ca. 40 Minuten

Für 4–6 Personen

- 150 g Glasnudeln (ersatzweise gegarte kalte Spaghettini)
  200 g tiefgekühlte Shrimps ohne Schale, aufgetaut
- je 1 sehr kleine rote und grüne Paprikaschote
  1 kleines Bund Frühlingszwiebeln
- 100 g kleine Champignons
  3 Knoblauchzehen
  ½ vollreife Mango
- 3 EL Keimöl
  Salz, Pfeffer aus der Mühle
- 1 kleines Stück frische Ingwerwurzel
  5 EL Sojasauce
  4 EL Weißweinessig
  2 EL Mangochutney
  1 EL Zucker
  3 Msp. Chilipulver

1 Die Glasnudeln in kochendem Wasser 1 Minute garen, dann sofort in ein Sieb gießen, abschrecken, abtropfen lassen und vollkommen auskühlen lassen. Die Shrimps trockentupfen.

2 Die Paprikaschoten waschen, halbieren, Stielansätze, Kerne und weiße Trennwände entfernen. Die Paprikahälften in etwa 1 cm große Stücke schneiden. Die Frühlingszwiebeln waschen, putzen und in etwa 1 cm lange Röllchen schneiden.

3 Die Champignons mit einem trockenen Tuch abreiben, putzen und halbieren oder vierteln. Den Knoblauch schälen und fein würfeln. Die Mango schälen und das Fleisch längs in dünnen Scheiben vom Kern schneiden.

4 Das Öl erhitzen und das vorbereitete Gemüse sowie die Shrimps darin bei starker Hitze 5 Minuten scharf anbraten. Mit Salz und Pfeffer würzen, die Mangostreifen untermengen.

5 Den Ingwer schälen und fein reiben (es wird etwa ½ Teelöffel benötigt). Ingwer, Sojasauce, Essig, Chutney, Zucker und Chilipulver vermischen. Die Mischung zum Gemüse geben und alles noch einmal aufkochen lassen. Die Nudeln mit der Küchenschere in mundgerechte Größe schneiden und untermengen. Den Salat lauwarm servieren!

Zitronen-thymian-Butter

Als Beigabe

Dauer: ca. 20 Minuten

Für 4 Personen

- 4 Schalotten
  150 ml Weißwein
  10 ml Noilly Prat (Wermut)
  30 ml Zitronensaft
- 2 Zweige Zitronenthymian
  150 g knetfeste Butter
  Salz
  Pfeffer aus der Mühle

1 Die Schalotten schälen und in feine Würfel schneiden. In einem kleinen Topf mit dem Weißwein und dem Noilly Prat auf ein Minimum einkochen lassen und mit dem Zitronensaft säuern.

2 Den Zitronenthymian waschen, trocknen, die Blättchen fein hacken und in den reduzierten Schalottensud geben. Die Butter in Stückchen einrühren und die Sauce mit Salz und Pfeffer abschmecken.

3 Die Zitronenthymian-Butter zu den Fleischwurst-Ravioli auf der folgenden Seite servieren.

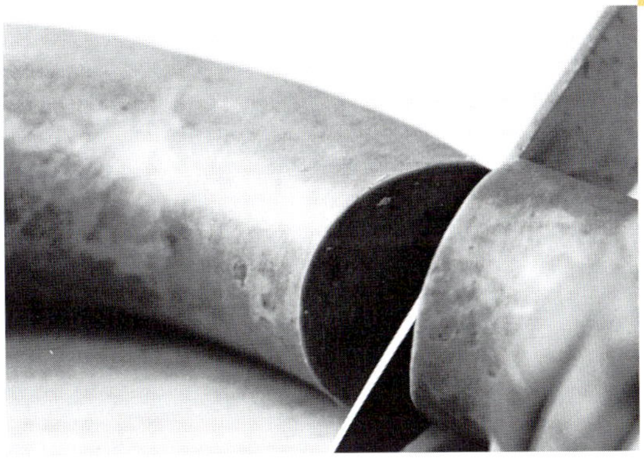

Tipp

Wenn Sie eine Nudelmaschine besitzen, können Sie den Teig auch damit zu Platten beziehungsweise langen Teigbändern auswälzen, so sparen Sie sich das etwas mühsame gleichmäßige Ausrollen mit dem Nudelholz.

fLeISCHWURSt-Ravioli

Als Hauptspeise

Dauer: ca. 1 Stunde

Ruhezeit: ca. 1 Stunde

Für 4 Personen

- 800 g Mehl
  9 Eier
  30 g Salz
  7 EL Milch
  12 EL Olivenöl

- 3 Schalotten
  1 Stange Lauch (nur der weiße Teil)
  500 g Fleischwurst
  3–4 TL Senf
  100 ml Weißwein
  100 ml Geflügelbrühe
  200 g Sahne
  40 g Speisestärke

- Mehl zum Ausrollen und Bestäuben
  Salz für das Nudelwasser

- 1 Rezept Zitronenthymian-Butter (siehe nebenstehendes Rezept)

1 Mehl, 7 Eier, Salz, Milch und 8 Esslöffel Olivenöl gut vermengen und so lange kneten (mit der Hand oder der Küchenmaschine), bis der Teig ganz glatt ist. Den Teig zugedeckt 1 Stunde ruhen lassen.

2 Inzwischen die Schalotten schälen, den Lauch putzen und waschen. Schalotten, Lauch und Fleischwurst in kleine Würfel schneiden und nacheinander in 3 Esslöffeln heißem Öl anschwitzen: Zuerst die Schalotten glasig werden lassen, dann den Lauch zugeben und zuletzt die Wurst. Den Senf kurz mitschwitzen lassen, mit Wein und Brühe ablöschen. Alles ein wenig einkochen lassen, dann die Sahne dazugeben und aufkochen lassen. Speisestärke mit etwas Wasser verrühren, die Masse damit binden und erkalten lassen.

3 Den Nudelteig auf einer bemehlten Arbeitsfläche dünn zu zwei gleich großen Platten ausrollen und die Füllung häufchenweise in regelmäßigen, nicht zu kleinen Abständen auf der einen Platte verteilen. Die restlichen Eier verquirlen und die Zwischenräume damit bestreichen. Die zweite Teigplatte darüber legen, in den Zwischenräumen gut andrücken und aus dem gefüllten Teig Ravioli ausstechen bzw. ausschneiden. Die Ravioli mit Mehl bestäuben und bis zur weiteren Verarbeitung auf ein Tuch legen.

4 In einem großen Topf reichlich Salzwasser mit 1 Esslöffel Öl zum Kochen bringen. Die Ravioli darin in etwa 10 Minuten gar ziehen lassen, aus dem Wasser heben, abtropfen lassen und in tiefen Tellern anrichten. Mit Zitronenthymian-Butter (siehe nebenstehendes Rezept) übergießen.

Tipp

Die dunklen Mohnsamen verleihen den goldbraun frittierten Kartoffelbögen nicht nur ein sehr apartes Aussehen, sie geben ihnen mit ihrem mandelähnlichen Aroma auch eine exklusive Geschmacksnote.

Baked-Potatoe-HÖRNCHEN mit Mohn

Als Snack oder Beilage

Dauer: ca. 1 Stunde

Ruhezeit: ca. 30 Minuten

Für 4 Personen

- 500 g mehlig kochende Kartoffeln
  50 g Kümmelsamen
- 1 ½ EL Butter
  50 g Mehl
  1 Ei
  Salz
- 60 g Parmesan
  60 g Mohnsamen
  etwas Mehl für die Arbeitsfläche
  Frittierfett

1 Die Kartoffeln in der Schale in wenig Wasser mit dem Kümmel gar kochen. Noch heiß pellen und durch eine Kartoffelpresse drücken.

2 100 ml Wasser mit der Butter aufkochen und das gesiebte Mehl hinzufügen. Diese Masse so lange unter ständigem Rühren abbrennen lassen, bis sich ein weißer Belag am Topfboden absetzt. Dann die Masse etwas abkühlen lassen, das Ei und 1 Prise Salz hinzufügen. Den Brandteig 30 Minuten abgedeckt ruhen lassen.

3 Den Parmesan reiben. Den Brandteig mit den durchgepressten Kartoffeln vermischen. Parmesan und den Mohn unterheben. Alles in einen Spritzbeutel mit einer glatten Tülle von 1 cm Ø füllen. Auf eine bemehlte Arbeitsfläche lange zylinderförmige Streifen auf eine bemehlte Unterlage spritzen.

4 In einem hohen Topf oder in einer Fritteuse das Frittierfett auf etwa 170 °C erhitzen (ein hineingetauchter Würfel Weißbrot ist nach 1 Minute goldbraun). Die Teigstreifen schräg in 5 cm große Stücke schneiden, die Stücke zu Halbbogen formen und im Fettbad goldbraun frittieren. Die Hörnchen auf Küchenkrepp abtropfen lassen.

Muscheln

Achten Sie beim Kauf der Muscheln darauf, dass alle Exemplare fest geschlossen sind oder sich beim Daraufklopfen schließen. Außerdem sollten die Muscheln einen angenehmen Meeresgeruch haben und nicht sandig sein.

GRAUPENpaella

Als Hauptgericht

Dauer: ca. 1 Stunde

Zeit im Ofen: ca. 35 Minuten

Für 4 Personen

- 400 g Miesmuscheln
  4 kleine Kaninchenkeulen
  4 große ungeschälte Garnelen
  150 g Blutwurst
- je 1 rote und gelbe Paprikaschote
  200 g Fleischtomaten
  1 rote Zwiebel
  1 Knoblauchzehe
- 1 l Hühner- oder Gemüsebrühe
  etwa 8 EL Olivenöl zum Braten
  Salz
  Pfeffer aus der Mühle
  100 g TK-Erbsen
  2 TL Paprikapulver
- 1 g Safranpulver oder -fäden
  400 g Perlgraupen
  Saft von 2 Limetten

1 Bereits geöffnete Muscheln aussortieren, die übrigen waschen. Kaninchenkeulen und Garnelen abspülen und trocknen. Die Blutwurst in Scheiben schneiden.

2 Die Paprikaschoten waschen, vierteln, Stielansätze, Kerne und weiße Trennwände entfernen und die Schotenviertel in Streifen schneiden. Die Tomaten waschen, Stielansätze herausschneiden und die Tomaten in kleine Würfel schneiden. Zwiebel und Knoblauch schälen und fein hacken.

3 Die Hühner- oder Gemüsebrühe in einem Topf erhitzen, die Muscheln hineingeben und 2 bis 3 Minuten kochen, bis sich die Schalen öffnen. Herausheben, noch ungeöffnete Muscheln wegwerfen, die Brühe heiß halten.

4 In einer ofenfesten Pfanne mit Deckel etwa die Hälfte des Öls gut heiß werden lassen. Die Kaninchenkeulen darin goldgelb anbraten, herausnehmen und mit Salz und Pfeffer würzen. Danach die Garnelen in etwas Öl anbraten, bis sie sich schön rot färben; herausnehmen. Wieder etwas Öl in die Pfanne geben und Knoblauch, Zwiebeln, Paprikastreifen und gefrorene Erbsen darin anbraten; mit Salz, Pfeffer und Paprikapulver würzen.

5 Den Safran in die heiße Brühe gießen und etwas darin ziehen lassen. Die Graupen unter das angebratene Gemüse mischen. Die heiße Brühe angießen, aufkochen und 10 Minuten köcheln lassen, bis die Flüssigkeit von den Graupen aufgesogen ist. Den Backofen auf 180 °C vorheizen. Alle restlichen Zutaten auf den Graupen verteilen. Die Paella zugedeckt etwa 35 Minuten im Backofen garen.

Harissa

Harissa stammt aus der nordafrikanischen Küche. Die scharfe Würzpaste besteht aus den Hauptzutaten Olivenöl, Chilischoten, Knoblauch, Koriander und Kreuzkümmel. Dazu kommen noch bis zu 20 weitere Gewürze. Harissa ist unverzichtbare Beigabe zum klassischen Couscous.

Scharfes FISCH-Couscous

Als Hauptgericht

Dauer: ca. ¾ Stunde

Für 4 Personen

- 100 g Rosinen
  300 g Möhren
  2 kleine Fenchelknollen
  (etwa 500 g)
- 2 frische rote Chilischoten
  750 g reife Tomaten
  2 Zwiebeln
  3–4 Knoblauchzehen
- 4 EL Olivenöl
  2 EL Tomatenmark
  3 EL Harissa (scharfe Chilipaste)
  je 1 TL gemahlener Kreuzkümmel
  und Kurkumapulver
- 500 g Fischfilet (Zander, Rotbarsch oder Seelachs)
  4 EL Zitronensaft
  Salz, Pfeffer
  200 g grüne TK-Erbsen
- 600 ml Gemüsebrühe
  300 g Instant-Couscous
  2 EL Butter

1 Die Rosinen in etwa ¼ l heißem Wasser bis zum Servieren quellen lassen. Möhren und Fenchel waschen, die Möhren schälen und in Scheiben schneiden, den Fenchel putzen und quer in Streifen schneiden.

2 Die Chilischoten waschen, längs aufschlitzen, Stielansätze, Kerne, weiße Trennwände entfernen; Schoten in breite Streifen schneiden. Tomaten häuten, putzen und vierteln. Zwiebeln und Knoblauch schälen, grob hacken.

3 In einem Schmortopf das Öl erhitzen. Zwiebeln, Knoblauch, Fenchel und Möhren darin bei mittlerer Hitze in 8 bis 10 Minuten leicht bräunen Die Tomaten mit dem Tomatenmark dazugeben, mit 1 Esslöffel Harissa, Kreuzkümmel und Kurkuma würzen. Wenig Wasser angießen und alles offen etwa 10 Minuten leise köcheln lassen.

4 Das Fischfilet trockentupfen, in große Würfel schneiden, mit der Hälfte vom Zitronensaft beträufeln, salzen und pfeffern. Zusammen mit den Erbsen in die Tomatensauce geben und 5 bis 7 Minuten bei schwacher Hitze garen.

5 Die Brühe aufkochen, den Couscous einrühren, den Topf vom Herd nehmen. Den Couscous zugedeckt etwa 5 Minuten quellen lassen. Die Butter untermischen. Das restliche Harissa mit übrigem Zitronensaft und heißer Tomatensauce zur flüssigen Sauce rühren. Den Couscous auf einer Platte aufhäufen, mit der Fisch-Gemüse-Mischung übergießen. Harissa-Sauce und die abgegossenen Rosinen in Schälchen extra dazu servieren.

Tipp

Für die dekorativen Lauchrauten schneiden Sie einfach die halbierten Stangen schräg in breite Stücke.

Rösti mit Lauch-Blätterteig-Haube

Als Hauptgericht

Dauer: ca. ½ Stunde

Für 4 Personen

- 250 g Sahne
  Salz
  Pfeffer
  1 Prise geriebene Muskatnuss
- 500 g Kartoffeln
  150 g Lauch
  2–3 EL Öl
- 100 g Blätterteig (Fertigprodukt)
  Mehl für die Arbeitsfläche
  Fett für das Backblech
  1 Eigelb

1 Die Sahne in einem Topf aufkochen und auf ein Drittel reduzieren, mit Salz, Pfeffer und Muskat abschmecken und auskühlen lassen.

2 Während die Sahne kocht, die Kartoffeln schälen und grob raspeln; ebenfalls mit Salz, Pfeffer und Muskat abschmecken. Den Lauch putzen, längs halbieren, gründlich waschen und in Rauten schneiden (siehe Tipp). Die Lauchstücke in kochendem Wasser kurz blanchieren, mit kaltem Wasser abschrecken, abtropfen lassen und trocknen.

3 Den Backofen auf 180 °C vorheizen. Etwas von dem Öl in einer Pfanne erhitzen, die geraspelten Kartoffeln hineingeben, leicht andrücken und von beiden Seiten goldgelb braten – beim Wenden nochmals etwas Öl in die Pfanne geben. Den Kartoffelfladen aus der Pfanne nehmen und 4 runde Rösti ausstechen. Auf ein gefettetes Blech legen.

4 Den Lauch durch die reduzierte Sahne ziehen und auf den Rösti verteilen. Den Blätterteig auf einem bemehlten Brett leicht ausrollen, wie die Rösti ausstechen oder ausschneiden, über die Lauchrösti legen, mit verquirltem Eigelb bestreichen. Die Rösti im heißen Ofen goldgelb backen.

Büffelmozzarella

Büffelmozzarella wird ausschließlich aus pasteurisierter Büffelmilch hergestellt. Er ist porzellanweiß und von säuerlich-feinem Geschmack. Er ist in der Packung im eigenen Milchsaft eingelegt.

Ciabatta-Hamburger

Als Vorspeise oder Snack

Dauer: ca. 35 Minuten

Für 4 Personen

▶ 1 Ciabatta-Brot
2 EL Olivenöl

▶ 200 g Büffelmozzarella
1 reife Avocado

▶ 1 Knoblauchzehe
20 kleine blaue Weintrauben

▶ 1 Bund Sauerampfer
2 TL Aceto balsamico
etwas Zitronensaft

1 Das Ciabatta-Brot in 8 Scheiben schneiden, diese im heißen Backofen leicht erwärmen, ohne sie zu stark zu bräunen und mit dem Olivenöl beträufeln.

2 Den Mozzarella in dünne Scheiben schneiden. Die Avocado halbieren, vom Kern befreien, das Fruchtfleisch vorsichtig aus den Schalenhälften heben und ebenfalls in Scheiben schneiden.

3 Die Knoblauchzehe schälen und pressen. Die Weintrauben waschen, trocknen, halbieren, mit einem spitzen Messer die Kerne entfernen und die Trauben in grobe Würfel schneiden.

4 Den Sauerampfer waschen, trocknen, die Stiele entfernen und die Sauerampferblätter mit dem gepressten Knoblauch, dem Aceto balsamico und etwas Zitronensaft im Mixer pürieren.

5 4 geröstete Brotscheiben mit dem Sauerampfer-Püree bestreichen und mit Mozzarella, Avocado und Weintrauben belegen.

Shiitake-Pilze

Die ursprünglich aus Asien stammenden Shiitake-Pilze sind von fester Konsistenz und von fleischähnlichem Geschmack. Sie eignen sich für Füllungen ebenso wie zum Kurzbraten oder – mit reichlich Öl bepinselt – zum Grillen.

Risotto-Wan-Tans

Als Hauptgericht

Dauer: ca. 50 Minuten

Für 4 Personen

- 300 g Kürbisfleisch
  500 ml Fleischbrühe
- 1 Schalotte
  300 g Risottoreis
  30 g Butter
  100 ml Weißwein
- 100 g Shiitake-Pilze
  50 g Kürbiskerne
  80 ml Sesamöl
- 40 g Parmesan
  1 EL Butter
  Salz
  schwarzer Pfeffer aus der Mühle
- 20–25 Wan-Tan-Blätter
  Frittierfett
  400 ml Aprikosenessig

1 Vom Kürbisfleisch etwa 100 g mit dem Kugelausstecher als kleine Kugeln ausstechen. Die Brühe aufkochen, die Kürbiskugeln darin einige Minuten garen, herausheben und kalt abschrecken. Das restliche Kürbisfleisch in der Brühe weich kochen und mit der Brühe pürieren.

2 Die Schalotte schälen, in kleine Würfel schneiden und mit dem Reis in einem Topf in der Butter andünsten; mit Weißwein ablöschen. Das Kürbispüree nach und nach beigeben und den Risotto unter ständigem Rühren etwa 15 Minuten köcheln lassen.

3 Die Shiitake-Pilze putzen und klein schneiden. Die Kürbiskerne hacken. Das Sesamöl in einer Pfanne erhitzen, die Pilze darin anschwitzen und die Kürbiskerne kurz mitrösten. Alles auf Küchenkrepp abtropfen lassen.

4 Den Parmesan reiben und mit der Butter, den Kürbiskügelchen und Pilzgemüse unter den Kürbisrisotto unterheben. Mit Salz und Pfeffer würzen und auskühlen lassen.

5 Die Wan-Tan-Blätter auslegen. Aus der Risottomasse 2 cm dicke und 3 cm lange Rollen formen, schräg auf die Teigblätter legen. Den Teig so aufrollen, dass die Füllung ganz umschlossen ist, und dann die Enden zu Bonbons drehen.

6 In einem hohen Topf oder in einer Fritteuse das Frittierfett auf etwa 180 °C erhitzen (ein hineingetauchter Würfel Weißbrot ist in knapp 1 Minute goldbraun) und die Risotto-Wan-Tans darin goldgelb ausbacken. Den Aprikosenessig als Dip dazu reichen.

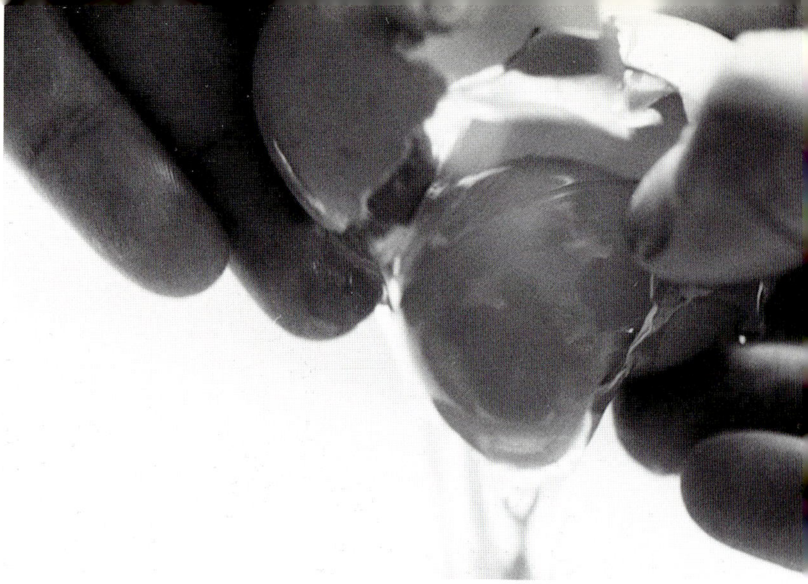

Selbst gemachte Spätzle

Als Hauptgericht

Dauer: ca. ¾ Stunde

Für 4 Personen

- 500 g Mehl
  10 Eier
  ca. 150 ml Milch nach Belieben
  gut 10 g Salz
- Öl für das Blech
  30 g Butter

1 Das gesiebte Mehl mit den Eiern, der Milch oder stattdessen mit derselben Menge Wasser sowie mit dem Salz mischen und zu einem sehr glatten Teig schlagen, so lange, bis er Blasen bildet.

2 Den Spätzleteig in kleinen Mengen auf ein angefeuchtetes Spätzlebrett (Holzbrett) geben und mit einer Palette glatt streichen. Das Brettchen nun mitsamt dem aufgestrichenen Teig kurz in das Kochwasser tauchen. Dann mit der Palette dünne Teigstreifen vom Brett direkt in das kochende Salzwasser schaben. Nach einmaligem Aufkochen die Spätzle mit einem Schaumlöffel abschöpfen und sofort in kaltes Wasser geben.

3 Die Spätzle in einem Sieb gut abtropfen lassen und auf ein leicht mit Öl bestrichenes Blech legen, damit sie nicht aneinander kleben. Auf diese Weise nach und nach den gesamten Teig verarbeiten.

4 Zum Wiedererwärmen die Spätzle in einer Pfanne in der heißen Butter schwenken. Dazu passt das Rucola-Pesto mit Tomaten (siehe nebenstehendes Rezept).

Limette

Die leuchtend grüne Limette ist nicht nur viel saftiger, sondern schmeckt auch viel milder als ihre gelbe Verwandte, die Zitrone. Daher den hier benötigten Limettensaft nur im Notfall durch den Saft von einer Zitrone und zusätzlich ein wenig Wasser ersetzen.

Rucola-Pesto mit Tomaten

Als Beigabe

Dauer: ca. 20 Minuten

Für 4 Personen

▶ 2 Bund Rucola
1 Bund Basilikum
300–400 ml Olivenöl

▶ 1 Knoblauchzehe
Saft von 1 Limette
Salz
schwarzer Pfeffer aus der Mühle
2 große Fleischtomaten

1 Den Rucola verlesen, waschen, trocknen und die Stiele entfernen. Basilikum waschen, trocknen und die Blätter abzupfen. Rucola, Basilikumblätter und das Olivenöl mit dem Pürierstab fein mixen.

2 Den Knoblauch schälen, grob zerkleinern und mit dem Limettensaft zum Kräuteröl geben, mit Salz und Pfeffer abschmecken und nochmals mixen. Das Pesto in eine Schüssel geben und sofort abgedeckt kalt stellen.

3 Die Fleischtomaten über Kreuz einritzen, kurz in kochendes Wasser geben und sofort mit kaltem Wasser abschrecken. Die Haut abziehen, Stielansätze entfernen, die Tomaten vierteln und entkernen. Das Fruchtfleisch in kleine Würfel schneiden.

4 Die Tomatenwürfel unter das Pesto rühren. Sehr fein ist die Kombination dieses Pestos mit den selbst gemachten Spätzle von der gegenüberliegenden Seite.

Krause Petersilie

Krause Petersilie hat im Gegensatz zu seiner glatten Verwandten eine leicht bittere Aromakomponente und ergänzt damit in dieser Komposition das Orangenaroma vorzüglich.

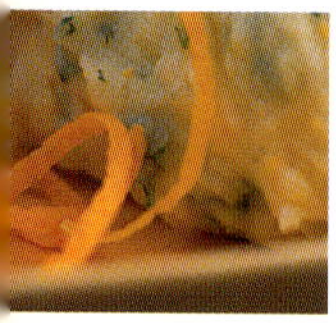

Orangen-Petersilien-Kartoffelpüree

Als Beilage

Dauer: ca. 1 Stunde

Für 4 Personen

- 1 kg mehlig kochende Kartoffeln
  1 Prise geriebene Muskatnuss
  200 g Butter
  150 ml kochend heiße Milch
- Zesten oder abgeriebene Schale von 1 unbehandelten Orange
  50 g Butter
  2 EL Grand Marnier
  100 ml Weißwein
  200 g Sahne
- 1 Bund krause Petersilie
  Salz
  schwarzer Pfeffer aus der Mühle
  1 Prise gemahlener Zimt

1 Die Kartoffeln in der Schale in wenig Wasser gar kochen. Noch heiß pellen und durch eine Kartoffelpresse drücken. Die Kartoffelmasse mit Muskat und der Butter in Flöckchen vermischen, sodass eine geschmeidige Masse entsteht. Dann nach und nach die kochend heiße Milch einrühren.

2 In einem kleinen Topf die Zesten oder die abgeriebene Orangenschale in der Butter anschwitzen. Die Masse mit Grand Marnier und Weißwein ablöschen und etwas einkochen lassen. Dann die Sahne hinzufügen und alles einmal aufkochen lassen.

3 Inzwischen die Petersilie waschen, trocknen, die Blättchen abzupfen, in die Sauce geben und diese mit dem Pürierstab mixen. Mit Salz, Pfeffer und Zimt abschmecken. Die fertige Sauce unter das Kartoffelpüree untermischen und nach Belieben mithilfe eines Spritzbeutels mit weiter Tülle auf den Tellern anrichten.

Tipp

Sie können die getrockneten Steinpilze auch durch getrocknete Mischpilze oder, wenn es einmal sehr edel sein soll, durch Morcheln ersetzen.

Rote-Bete-Mohn-Lasagne

Als Hauptgericht

Dauer: ca. 1 ½ Stunden

Trockenzeit: ca. 1 Stunde

Für 4 Personen

- 100 g Rote Bete (Glas)
  300 g Mehl
  3 Eigelb, Salz
  1 Prise geriebene Muskatnuss
  25 g Mohnsamen
- 100 g getrocknete Steinpilze
  1 Zwiebel, 1 Knoblauchzehe
  1 Bund Suppengrün
  80 g Butter
  1 Bund frischer Thymian
  250 g gehacktes Kalbfleisch
  1 EL Tomatenmark
  ¼ l Fleischbrühe
  ¼ l Weißwein
  Salz, Pfeffer
  125 g Sahne
- ½ l Milch
  40 g Butter, 40 g Mehl
- 2 EL Öl
  100 g Parmesan, frisch gerieben

1 Rote Bete mit wenig Flüssigkeit durch eine Sieb streichen. Mit Mehl, Eigelben, Salz, Muskat, Mohn und Wasser nach Bedarf zu einem elastischen Nudelteig kneten und auf einer bemehlten Arbeitsfläche dünn ausrollen. Die Teigplatte in Stücke von der Größe einer Auflaufform schneiden und mindestens 1 Stunde trocknen lassen.

2 Die Pilze in Wasser einweichen. Zwiebel und Knoblauch schälen, Suppengrün waschen und putzen. Alles (bis auf die Pilze) in kleine Würfel schneiden und in der Hälfte der Butter andünsten. Die Pilze klein schneiden. Den Thymian waschen und trocknen. Pilze, Hackfleisch, Tomatenmark und Thymianblättchen zum Gemüse geben und kurz mit anschwitzen. Mit Brühe und Wein aufgießen, salzen und pfeffern und bei mittlerer Hitze zugedeckt 30 Minuten köcheln lassen. Die Sahne unterrühren und alles ohne Deckel in etwa 15 Minuten sämig einkochen lassen.

3 Milch aufkochen und Butter zerlassen. Mehl unterrühren und aufschäumen lassen. Leicht abkühlen lassen, Milch unter Rühren dazugießen; unter weiterem Rühren 10 Minuten köcheln und sämig werden lassen. Mit Salz und Pfeffer abschmecken. Den Backofen auf 220 °C vorheizen.

4 Die Nudelplatten in kochendem Salzwasser mit 1 Esslöffel Öl bissfest garen. Auflaufform mit restlichem Öl fetten. Abwechselnd Nudelplatten, Ragout, Sauce und Parmesan übereinander schichten. Auf die letzte Parmesanschicht die Butter in Flöckchen setzen. Die Lasagne im heißen Backofen in etwa 30 Minuten goldbraun backen.

Rinderfilet

Rinderfilet, das feinste und zarteste Stück vom Rind, verlangt nach extravaganten Beigaben, hier realisiert in Form einer kräftigen Bier-Marinade in Kombination mit zartherben Heidelbeeren und ein wenig Salsa-Schärfe.

Rindfleischtortillas mit HEIDELBEEREN

Als Snack

Dauer: ca. 1 Stunde

Marinierzeit: ca. 12 Stunden

Für 4 Personen

- 2 Knoblauchzehen
  125 ml Bier (am besten Pils)
  150 ml Olivenöl
  1 ½ EL Rotweinessig
  Salz
  schwarzer Pfeffer aus der Mühle
  ½ TL Pimentkörner
  ½ TL Korianderblättchen
  400 g Rinderfilet
- je 1 rote und 1 grüne Paprikaschote
  1 Zwiebel
  2 EL Öl
- 4 Maistortillas (Fertigprodukt)
  50 g frische Heidelbeeren
  2 EL Salsa verde (Fertigprodukt)
  2–3 EL Crème fraîche
  etwas Tomatensalsa (nach Belieben)

1 Den Knoblauch schälen, fein würfeln und mit Bier, Olivenöl, Essig, Salz, Pfeffer, Piment und den Korianderblättchen verrühren. Das Fleisch abspülen, trockentupfen, mit einer Gabel mehrmals leicht einstechen, in die Marinade geben und zugedeckt über Nacht im Kühlschrank ziehen lassen.

2 Am nächsten Tag die Paprikaschoten waschen, halbieren, Stielansätze, Kerne und weiße Trennwände entfernen und die Schotenhälften in feine Streifen schneiden. Die Zwiebel schälen, in feine Ringe schneiden, in 1 Esslöffel Öl anbraten. Die Paprikastreifen hinzufügen; alles etwa 5 Minuten braten. Den Backofen auf 180° C vorheizen.

3 Das Fleisch aus der Marinade nehmen, abtupfen und im restlichen Öl von allen Seiten scharf anbraten, danach noch etwa 5 Minuten bei geringer Hitze weiterbraten. Das Fleisch aus der Pfanne nehmen und in dünne Scheiben schneiden.

4 Die Tortillas in ein feuchtes Tuch wickeln und einige Minuten im Backofen aufwärmen. Die Heidelbeeren verlesen, waschen und abtropfen lassen. Die warmen Tortillas auslegen, dünn mit der Salsa verde bestreichen, die Crème fraîche darauf verteilen, das Gemüse, die Heidelbeeren und das Fleisch darauf geben und nach Belieben mit Tomatensalsa würzen. Die Tortillas aufrollen, auf 4 vorgewärmte Teller legen und sofort servieren.

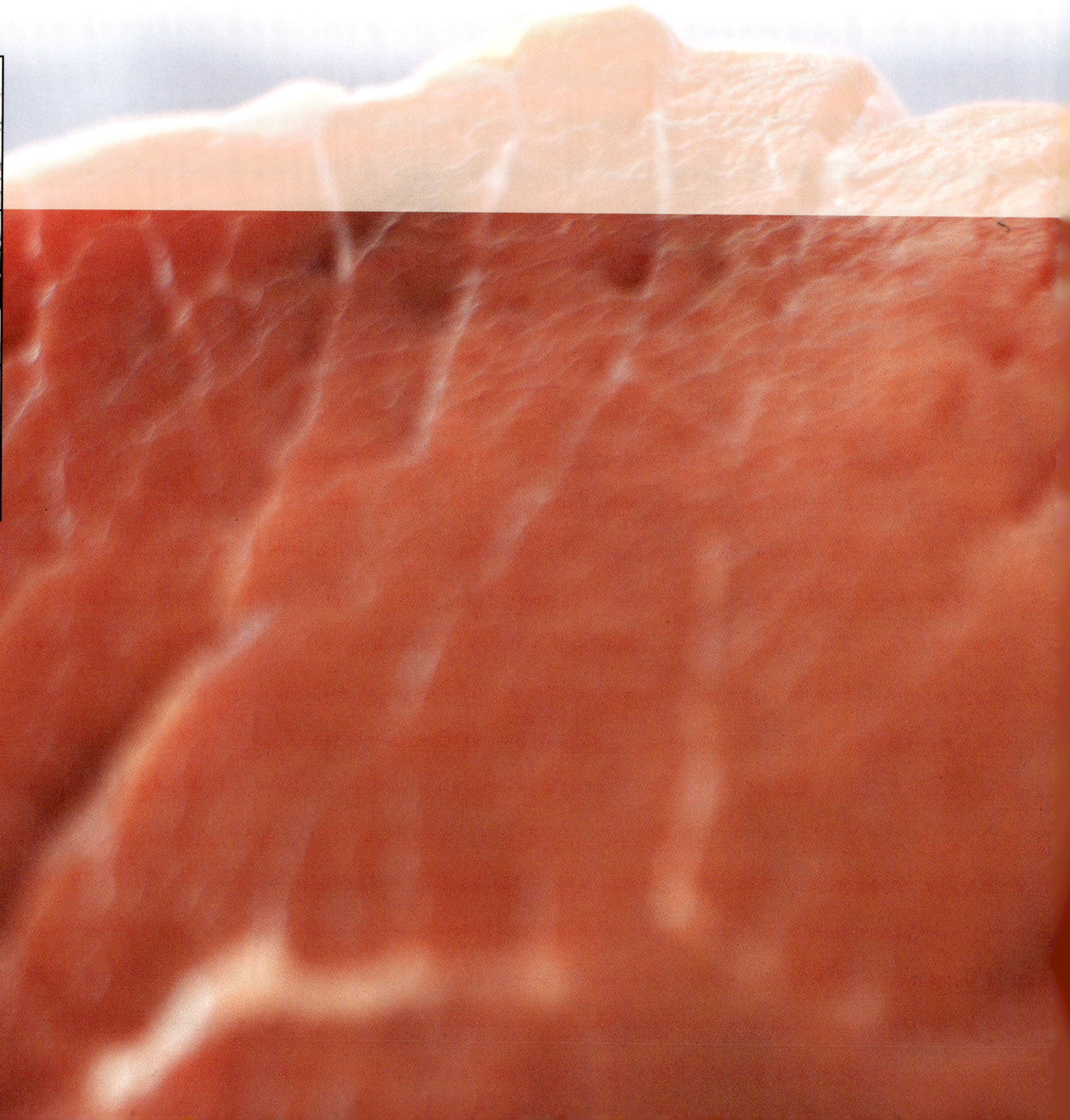

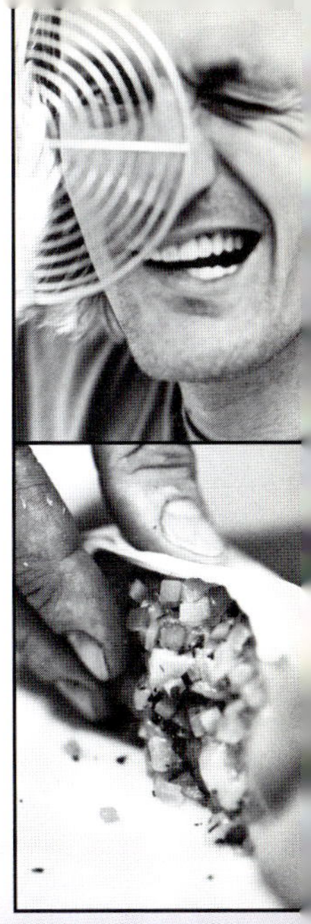

Starke Stücke: Fleisch

Leicht gemacht

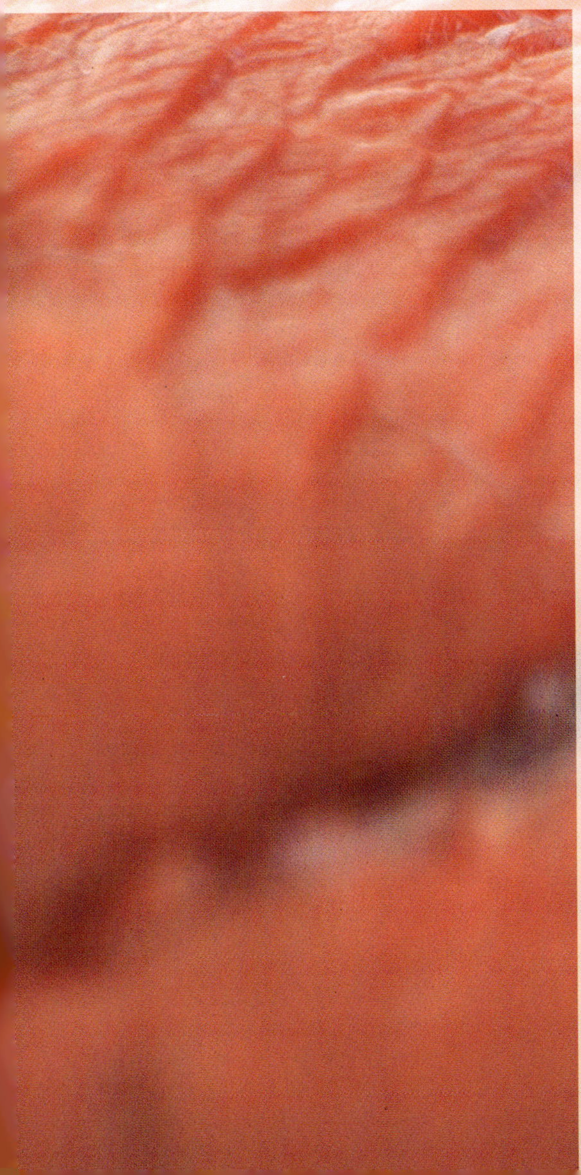

Verlockung pur: Zartes Hähnchen, saftige Nierchen, herzhaftes Lamm. Das Motto von Fleisch und Geflügel lautet: Alles ist möglich. Erst wenn man die köstlichen Teile einmal anders kombiniert, zeigen sie, was in ihnen steckt. Man muss nur wissen, was man alles mit ihnen machen kann: die Kalbshaxe mit Mango-Sardellen-Sauce servieren, Bananen in Rinderrouladen wickeln oder Hühnchen im Weinblatt verstecken. Ein Fest für die Sinne. Geheimnisvolle Speisen einfach offenbart.

Tipp

Man kann die Marinade für das Fleisch auch nach der Verwendung mit etwas Orangensaft aufgießen und zu einem Sirup einkochen lassen, in den man dann die Fleischstückchen tunkt.

HÜHNCHEN im Weinblatt

Als Vorspeise

Dauer: ca. ¾ Stunde

Für 4 Personen

- 2 TL schwarze Pfefferkörner
  1 TL Pimentkörner
  1 TL getrockneter Oregano
  1 TL Kreuzkümmelsamen
- 5 Knoblauchzehen
  2 EL Orangensaft
  500 g Hähnchenbrustfilet
- 10–14 Weinblätter zum Einwickeln
  etwas grobes Meersalz

1 Pfeffer- und Pimentkörner, Oregano und Kreuzkümmel in einer elektrischen Gewürzmühle oder in einem Mörser zu Pulver zermahlen bzw. zerstoßen.

2 Den Knoblauch schälen und hacken und mit dem Orangensaft unter die Gewürze mengen. Das Hähnchenbrustfilet häuten und in 28 gleich große Stücke schneiden.

3 Die Gewürzmischung in eine flache, nichtmetallene Form geben, die groß genug ist, dass alle Fleischstücke nebeneinander hineinpassen. Das Fleisch darin wenden, bis es von allen Seiten mit der Marinade benetzt ist, dann 5 Minuten ziehen lassen.

4 Die Weinblätter in etwa 5 cm breite Streifen schneiden und die Fleischstücke darin einzeln einwickeln. Die kleinen Päckchen mit Holzzahnstochern zustecken.

5 Die gefüllten Weinblätter entweder 15 Minuten über Wasserdampf oder in der Mikrowelle bei 750 W in 2 Portionen jeweils 5 bis 6 Minuten garen. Bei Tisch das Fleisch auspacken, in etwas Meersalz stippen und mit den Fingern essen.

Kartoffel-tortilla

Als Beilage

Dauer: ca. 40 Minuten

Für 4 Personen

- 900 g Kartoffeln
  1 kleine Zwiebel
  2–3 Knoblauchzehen
  3 EL Olivenöl
- 5 Zweige Petersilie
  Salz
  schwarzer Pfeffer aus der Mühle
- 6 Eier
  500 g Quark (40% Fett)
  1 EL Butter

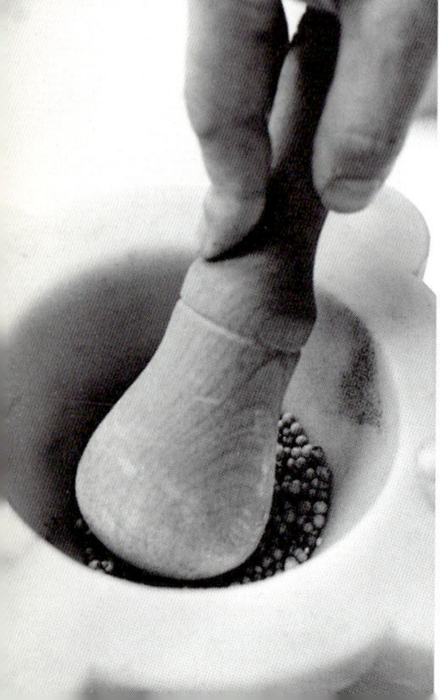

1 Die Kartoffeln schälen und in ½ cm große Würfel schneiden. Zwiebel und Knoblauch schälen und fein hacken. Das Öl in einer großen Pfanne erhitzen und die Kartoffeln darin von beiden Seiten anbraten. Zwiebeln und Knoblauch dazugeben und alles zugedeckt unter gelegentlichem Rühren in etwa 10 Minuten knusprig braten.

2 Die Petersilie waschen, trocknen und hacken. Die Kartoffelpfanne salzen und pfeffern. Die Petersilie bis auf einen kleinen Rest untermischen, offen abkühlen lassen.

3 Die Eier trennen. Den Quark mit den Eigelben schaumig rühren. Das Eiweiß halbsteif schlagen und unterheben. Den Backofen auf 220 °C vorheizen, den Rost in der Mitte einschieben. Zwei ofenfeste Pfannen leicht ausbuttern.

4 Die Kartoffeln unter den Quarkteig heben, alles in die beiden Formen füllen. Die Tortillas auf dem Herd bei mittlerer Hitze backen, bis die Ränder leicht zu stocken beginnen, dann in den Ofen stellen und in etwa 10 Minuten goldgelb aufgehen lassen. Die Tortillas mit der restlichen Petersilie bestreuen. Das Eisbein vom Kaninchenschenkel (folgende Seite) dazu servieren.

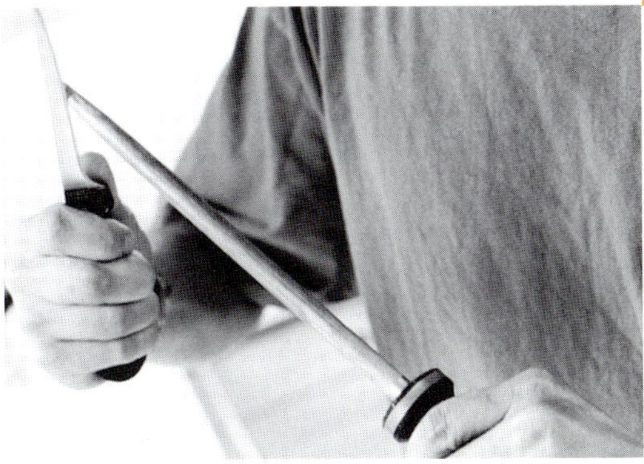

Tipp

Probieren Sie zu diesem Eisbein auch einmal Kartoffelpüree, das Sie nach Belieben mit etwas fein gehacktem Thymian oder Rosmarin, die ja auch zum Schmoren des Fleisches verwendet werden, verfeinern können.

Eisbein vom KANINCHENSCHENKEL

Als Hauptgericht

Dauer: ca. ¾ Stunde

Marinierzeit: ca. 12 Stunden

Abkühlzeit: ca. 3 Stunden

Für 4 Personen

- 3 Zwiebeln
  4 Lorbeerblätter
  10 g Pökelsalz
  30 g Zucker
  10 g gestoßene weiße Pfefferkörner
  ¼ l Weißweinessig
  ¼ l Gemüsefond
  4 Kaninchenschenkel

- 100 g durchwachsener Speck
  500 g angekochtes Sauerkraut (Dose)
  ¼ l Gemüsefond
  ½ Bund Thymian
  ½ Bund Rosmarin
  6 Lorbeerblätter
  Salz, Pfeffer
  etwas Zucker
  geriebene Muskatnuss
  100 g Kartoffeln

1 Die Zwiebeln schälen und in Ringe schneiden. Mit Lorbeer, Salz, Zucker, Pfefferkörnern, Essig und Gemüsefond in einen Topf geben und aufkochen. Die Kaninchenschenkel abspülen, trockentupfen, in die Marinade einlegen und über Nacht im Kühlschrank durchziehen lassen.

2 Den Speck klein schneiden, in einer Pfanne auslassen. Die Kaninchenschenkel aus der Marinade nehmen, abtupfen und im Speck rundum goldgelb anbraten. Die Marinade durch ein Sieb gießen und ¼ l abmessen.

3 Das Sauerkraut mit dem Fond und der abgemessenen Marinade in einen Bräter oder großen Topf geben. Kräuter waschen und mit den Lorbeerblättern dazugeben. Alles einmal aufkochen lassen, dann Kaninchenschenkel und Speck dazugeben. Das Ganze in etwa 1 Stunde, je nach Größe der Fleischstücke auch länger, gar schmoren.

4 Fleisch und Kraut mit Salz, Pfeffer, Zucker und Muskat würzen, noch einmal aufkochen und erkalten lassen. Das Fleisch vom Knochen lösen und in mundgerechte Stücke schneiden. Den Fond vom Kraut abpassieren und auffangen, das Kraut zurück in den Topf geben, die Kartoffeln schälen und dazureiben, alles zum Kochen bringen und sämig werden lassen.

5 Kraut und Fleisch mit dem Fond erwärmen und in einer Servierschüssel oder direkt im Topf anrichten. Kartoffeltortilla (auf der gegenüberliegenden Seite) dazu reichen.

Cross-Over-Küche

In diesem Gericht trifft die Küche des mittleren Ostens auf die asiatische: Das türkische Fladenbrot enthält eine raffiniert gewürzte Füllung aus Fleisch, Kartoffeln und Linsen.

Döner aus Lammcurry

Als Hauptgericht
Dauer: ca. ½ Stunde
Garzeit: ca. 40 Minuten
Für 4 Personen

- 800 g Lammfleisch aus der Keule
  400 g fest kochende Kartoffeln
  300 g Zwiebeln
  4 Knoblauchzehen
  2 rote Paprikaschoten

- 4 EL Keimöl
  Salz
  schwarzer Pfeffer aus der Mühle

- ¼ TL gemahlener Zimt
  3 Gewürznelken
  ¼ l Gemüsebrühe
  3 EL ungesüßte Kokosmilch
  100 g rote Linsen

- 1 Limette (ersatzweise Zitrone)
  2 EL Currypulver
  1 großes türkisches Fladenbrot mit Sesam

1 Das Lammfleisch abspülen und gut trockentupfen. Die Kartoffeln schälen. Fleisch und Kartoffeln in etwa 3 cm große Würfel schneiden. Zwiebeln und Knoblauch schälen und hacken. Paprikaschoten waschen, halbieren, Stielansätze, Kerne und weiße Trennwände entfernen. Die Paprikahälften in etwa ½ cm breite Streifen schneiden.

2 Im Wok oder einer großen Pfanne 2 Esslöffel Keimöl erhitzen und Fleisch und Kartoffeln darin anbraten. Mit Salz und Pfeffer würzen, dann herausnehmen. Restliches Öl erhitzen und Zwiebeln, Knoblauch und Paprika darin anbraten.

3 Fleisch, Kartoffeln, Zimt und Nelken untermischen. Mit Brühe und Kokosmilch aufgießen und alles etwa 40 Minuten sanft köcheln lassen. 10 bis 15 Minuten vor Ende der Garzeit die Linsen dazugeben und mitkochen.

4 Die Limette halbieren und den Saft auspressen. Das Curry mit Limettensaft, Salz und Pfeffer abschmecken. Das Fladenbrot aufschneiden und mit dem Lammcurry füllen, das Brot zum Servieren vierteln oder achteln.

Nierchen

Für dieses Gericht benötigen Sie vom Nierentalg befreite und enthäutete Nieren; und vor dem Kleinschneiden sollten Sie sicherstellen, dass alle Harnwege entfernt sind. Die Nierenwürfel sind fertig gebraten, wenn sie sehr weich und durchgegart sind.

Weinblätter mit Nierchenfüllung

Als Vorspeise

Dauer: ca. 1 Stunde

Für 4 Personen

- 8 Weinblätter
  200 g küchenfertig vorbereitete Kalbsnieren
- 1 Schalotte
  30 g frischer Salbei
  1 Zucchini
  Aubergine
- etwas Olivenöl zum Braten
  Salz, Pfeffer
  Aceto balsamico

1 Die Weinblätter in Wasser einweichen. Die Kalbsnieren abspülen, trockentupfen und in Würfel schneiden.

2 Die Schalotte schälen und hacken. Den Salbei waschen und trocknen. Zucchini und Aubergine waschen, putzen und in Würfel schneiden.

3 Die Schalotten mit den Fleischwürfeln und dem Salbei in Olivenöl andünsten. Zucchini- und Auberginenwürfel dazugeben. Alles mit Salz und Pfeffer abschmecken, mit Aceto balsamico ablöschen und auf Küchenkrepp abtropfen lassen.

4 Die Weinblätter aus dem Wasser nehmen und auf einem Küchentuch ausbreiten. Die Füllung jeweils auf die Weinblätter geben und einrollen. Die gefüllten Weinblätter in etwas Öl kurz leicht braun anbraten.

Kartoffelsalat mit Rote-Bete-Dressing

Als Beigabe

Dauer: ca. 50 Minuten

Durchziehen: ca. ¼ Stunde

Für 4 Personen

- 800 g fest kochende Kartoffeln
  40 g Rote Bete (Glas)
  ⅛ l Fleischbrühe
  1 TL Weißweinessig
  Zucker
  Salz
  weißer Pfeffer aus der Mühle
  3 EL Öl
- 1 kleine Sellerieknolle (ca. 350 g)
  2 Stangen Lauch

1 Die Kartoffeln in der Schale in wenig Wasser gar kochen, pellen und abkühlen lassen. Inzwischen für das Dressing die Roten Beten pürieren. Fleischbrühe, Essig, Zucker, Salz und Pfeffer unter das Püree rühren. Das Öl nach und nach dazugeben.

2 Den Sellerie waschen, putzen, würfeln und in wenig Wasser bissfest kochen. Die Kartoffeln in mittelgroße Würfel schneiden.

3 Den Lauch putzen, waschen und in mittelgroße Ringe schneiden. In sprudelndem Salzwasser blanchieren und zusammen mit dem Sellerie zu den Kartoffeln geben.

4 Das Dressing nochmals abschmecken, über den Salat gießen und den Salat vorsichtig mischen. Vor dem Servieren etwa 15 Minuten ruhen lassen.

Tipp

Diese Frikadellen eigenen sich gut für ein Gästeessen, da Sie alle Vorbereitungen bereits bis zum Eintreffen der Gäste erledigt haben und dann die gegangenen Minifrikadellen lediglich noch in den Ofen schieben müssen.

RUSSISCHE Frikadellen

Als Hauptgericht

Dauer: ca. 50 Minuten

Ruhezeit: ca. 50 Minuten

Für 4 Personen

▶ 10 g frische Hefe
1 Prise Zucker
100 ml lauwarme Milch
250 g Mehl
Salz
2 Eier
1 TL Öl

▶ 1 Zwiebel
1 Knoblauchzehe
5 Champignonköpfe
200 g gemischtes Hackfleisch
1 EL Öl
10 g Butter
3 EL gehackte Petersilie
Pfeffer aus der Mühle

▶ Mehl für die Arbeitsfläche
Fett für das Blech
1 Eigelb

1 Hefe und Zucker in der Milch auflösen und mit Mehl, etwas Salz und den Eiern vermengen. Zum Schluss das Öl einarbeiten und den Teig kneten, bis er glatt und geschmeidig ist. Zugedeckt 30 Minuten ruhen und aufgehen lassen.

2 Zwiebel und Knoblauch schälen und hacken. Die Champignons mit einem trockenen Tuch abreiben, putzen und ebenfalls hacken. Öl mit Butter in einer Pfanne erhitzen und darin alle drei Zutaten zusammen mit dem Hackfleisch unter Rühren anbraten. Die Petersilie untermischen und die Hackfleischmischung mit Salz und Pfeffer herzhaft würzen. Abkühlen lassen.

3 Den aufgegangenen Hefeteig auf einer bemehlten Arbeitsfläche dünn ausrollen und runde Plätzchen von etwa 6 cm Ø ausstechen. Jeweils etwas von der Füllung in die Mitte geben, jedes Plätzchen zum Halbkreis zusammenklappen und die Ränder gut festdrücken.

4 Die Minifrikadellen im Teig auf ein gefettetes Backblech legen, mit verquirltem Eigelb bestreichen und noch einmal 20 Minuten gehen lassen. Den Backofen auf 250 °C vorheizen und die Russischen Frikadellen im heißen Ofen in 10 bis 15 Minuten goldbraun backen. Am besten mit Kartoffelsalat (siehe nebenstehendes Rezept) servieren.

Tipp

Hier werden die klassischen Zutaten für Labskaus, Kartoffeln und Pökelfleisch, in einer attraktiven Teighülle knusprig frittiert präsentiert – ergänzt durch Rote Bete, Ei und gesalzenen Fisch, die man jedes für sich oder in Kombination ebenfalls in vielen Labskaus-Hausrezepten findet.

Frittierte Labskausbällchen

Als Hauptgericht

Dauer: ca. 1 Stunde

Kühlzeit: ca. 1 Stunde

Für 4 Personen

▶ 2 kleine Zwiebeln
25 g Schmalz
200 g mehlig kochende Kartoffeln
240 g Pökelfleisch
200 g Rote Bete
2 Salzgurken
3 EL Sahne
½ l Geflügelbrühe

▶ 1 Bund Dill
Salz, Pfeffer
250 g Weißbrot in Scheiben von etwa 1 cm Dicke

▶ 250 g Tempura-Mehl
etwas Mehl zum Wenden
Frittierfett

▶ 2 Matjesheringe
4 Eier
4 kleine Gewürzgurken und einige Dillzweige zum Garnieren

1 Die Zwiebeln schälen, hacken und in einem Topf im Schmalz glasig dünsten. Kartoffeln schälen und ebenso wie Pökelfleisch, Rote Bete und Salzgurken grob zerkleinern. Mit der Sahne zu den Zwiebeln geben. Das Ganze mit der Geflügelbrühe aufgießen und offen kochen lassen, bis die Flüssigkeit verkocht ist.

2 Die Masse mit dem Pürierstab oder im Mixer grob pürieren. Den Dill waschen, trocknen, fein schneiden und in die Labskausmasse geben; mit Salz und Pfeffer abschmecken. Das Brot in Würfel schneiden und unterheben. Die Masse 1 Stunde im Kühlschrank ziehen lassen.

3 Aus der Labskausmasse kleine etwa 50 g schwere Bällchen formen. Das Tempura-Mehl mit Wasser dickflüssig anrühren, die Labskausbällchen zuerst in Mehl wälzen, dann durch den Tempurateig ziehen.

4 In einem hohen Topf oder in einer Fritteuse das Frittierfett auf etwa 180 °C erhitzen (ein hineingetauchter Würfel Weißbrot ist in knapp 1 Minute goldbraun) und die Labskausbällchen darin portionsweise goldgelb ausbacken.

5 Die Matjesheringe in Würfel schneiden und mit den Eiern vermengen, mit Salz und Pfeffer würzen und in einer Pfanne kurz braten, so dass die Heringe innen glasig wirken und nicht ausgetrocknet sind. Das Ganze auf tiefen Tellern anrichten und mit je 1 Gewürzgurke und Dillzweigen garnieren.

Tipp

Sie können die Sauce vor dem Anrichten noch mit etwa 150 g Crème fraîche binden und verfeinern.

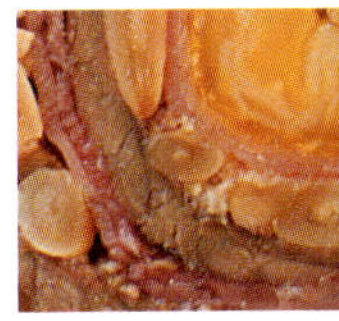

Rindsrouladen mit Bananenfüllung

Als Hauptgericht

Dauer: ca. 50 Minuten

Marinierzeit: ca. 12 Stunden

Für 4 Personen

- 80 ml Weißweinessig
  5 g Safranfäden
  2 Bananen

- 2 Möhren
  1 Sellerieknolle
  2 weiße Zwiebeln
  5 EL Öl
  60 g Tomatenmark
  100 ml dunkler Traubensaft
  200 ml Rotwein
  300 ml Fleischbrühe

- 4 Rindsrouladen
  Salz, Pfeffer
  40 g Pinienkerne
  2–3 TL süßer Senf
  4 Scheiben gekochter Schinken

1 Für die Marinade 200 ml Wasser und den Weißweinessig leicht erwärmen und die Safranfäden darin auflösen. Die Bananen schälen und in die Marinade einlegen; über Nacht darin ziehen lassen.

2 Für die Sauce Möhren und Sellerieknolle putzen, Zwiebeln schälen und alles klein schneiden. In einem Bräter die Hälfte des Öls erhitzen und das Gemüse darin goldgelb anbraten. Das Tomatenmark beigeben, kurz mitrösten und mit Traubensaft und Rotwein ablöschen. Die Flüssigkeit etwas einkochen lassen, dann die Fleischbrühe angießen. Den Backofen auf 160 °C vorheizen.

3 Die Rindsrouladen kalt abspülen, trockentupfen, flach klopfen und mit Salz und Pfeffer würzen. Die Pinienkerne hacken und in einer trockenen Pfanne kurz anrösten. Die Rouladen mit dem Senf bestreichen und die Pinienkerne darüber streuen.

4 Die Bananen aus der Marinade nehmen, quer halbieren und abtropfen lassen. Auf jede Roulade 1 Scheibe Schinken und ½ Banane so legen, dass ein kleiner Rand frei bleibt. Die Rouladen einrollen, an den Enden einschlagen und mit Holzzahnstochern feststecken.

5 Die Rouladen von allen Seiten im restlichen Öl anbraten, dann in einen Bräter setzen. Zugedeckt im heißen Backofen 12 bis 15 Minuten schmoren. Die Sauce mit dem Pürierstab mixen, durch ein Passiertuch oder ein Haarsieb abseihen und mit Salz und Pfeffer abschmecken.

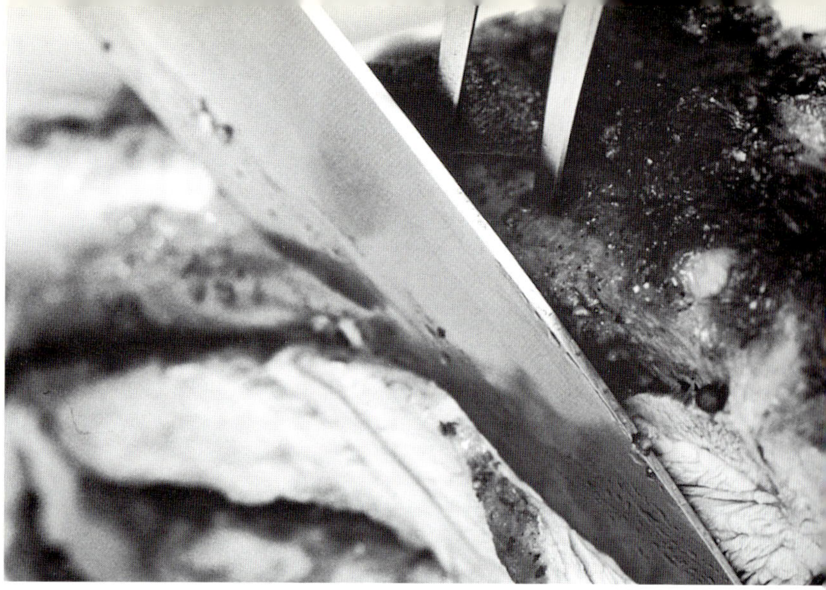

Kalbshaxe

Als Hauptgericht

Dauer: ca. 25 Minuten

Garzeit: ca. 3 Stunden

Für 4 Personen

► 1,5 kg Kalbshaxe mit Fettrand
Salz
Pfeffer aus der Mühle
1 TL Kümmelsamen
1 EL Pflanzenöl
½ l dunkles Bier

► 3 Zwiebeln
1 Knoblauchzehe
je 1 Zweig Majoran und Thymian
1 EL Honig

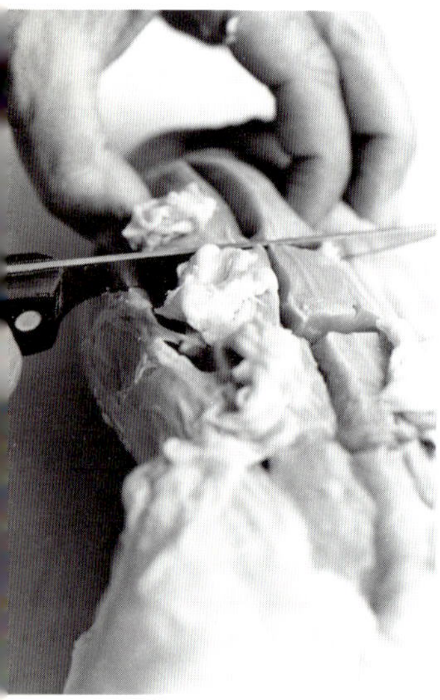

1 Den Backofen auf 180 °C vorheizen. Den Fettrand der Haxe kreuzweise einschneiden, das Fleisch mit Salz, Pfeffer und Kümmel würzen. Den Boden eines Bräters mit dem Öl einpinseln. Das Fleisch einlegen und im heißen Ofen 1 Stunde braten, dabei immer wieder mit Bier begießen.

2 Den Backofen auf 150 °C herunterschalten und die Haxe weiterbraten. Zwiebeln schälen und halbieren, den Knoblauch schälen, Majoran und Thymian waschen. Nach insgesamt 1½ Stunden Bratzeit Zwiebeln, Knoblauch und die Kräuter zum Fleisch geben. Etwa ½ l Wasser angießen. Die Haxe noch 1 bis 1½ Stunden weiterbraten, in den letzten 30 Minuten mit Honig bepinseln. Das Fleisch aus dem Bräter nehmen und warm halten.

3 Die Kalbshaxe aufschneiden, jeweils 1 Stück Kalbshaxe auf jeden Teller geben. Als Sauce passt Mango-Sardellen-Sauce (siehe nebenstehendes Rezept), die extra gereicht wird.

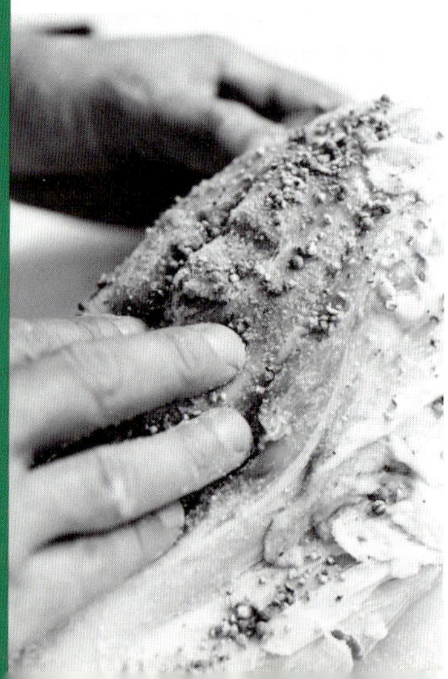

Majoran

Majoran gehört zu den Origanum-Arten, ist also mit dem Oregano eng verwandt. Er hat einen milderen und leicht thymianartigen Geschmack und wird am besten nicht mitgekocht, sondern frisch am Ende der Garzeit zugegeben, so kann er sein feines Aroma am besten entfalten.

Sardellen-Mango-Sauce

Als Beigabe

Dauer: ca. 10 Minuten

Für 4 Personen

- 40 g Sardellenfilets
  je 5 große entsteinte grüne und schwarze Oliven
  ½ geschälte Mango
  Bratensaft von der Kalbshaxe (siehe nebenstehendes Rezept)
- 1 TL fein gehackter Majoran
  Salz,
  schwarzer Pfeffer aus der Mühle
  1 Prise Zucker

1 Sardellenfilets und Oliven klein hacken. Die Mango schälen, das Fruchtfleisch vom Kern schneiden und ebenfalls klein hacken.

2 Alle drei vorbereiteten Zutaten mit dem Bratensaft in einen Topf gießen und eventuell etwas Wasser zufügen.

3 Die Sauce aufkochen und 2 bis 3 Minuten kochen lassen. Durch ein Sieb gießen, mit Majoran, Salz, Pfeffer und Zucker abschmecken.

4 Die Sardellen-Mango-Sauce ist eine raffinierte Beigabe zu Kalbshaxe (siehe nebenstehendes Rezept).

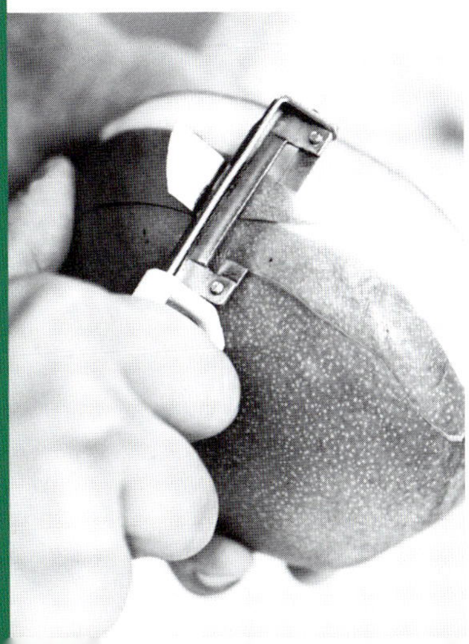

Talent mit Pfiff: Fisch
aufregend exotisch

Er lässt sich traditionell in der Pfanne dünsten oder auf dem Grill garen. Wie wäre es mit einer überraschenden Variation der herkömmlichen Fischgerichte? Fischstäbchen auf indisch, in Tandoori-Pulver und Tempura-Mehl gewälzt, oder Gambas, die mit Chilis feurig geschärft sind. So wird jeder Klassiker zum außergewöhnlichen Erlebnis. Aufregende Delikatessen mal pikant, mal mild. Auf jeden Fall schnell, einfach und originell.

Muscheln vorbereiten

Die so genannten Byssusfäden, mit denen sich die Miesmuscheln an Pfählen oder Tauen festheften, müssen beim Säubern zwischen die Klinge eines kleinen Messers und den Daumen geklemmt durch kräftiges Ziehen entfernt werden.

miesmuschel suppe mit Safran

Als Hauptgericht

Dauer: ca. 1 ½ Stunden

Für 4–6 Personen

- 4 kg frische Miesmuscheln in der Schale
  4 Schalotten
  3 Knoblauchzehen
  1 Fenchelknolle
  2 kleine Stangen Lauch, nur der helle geschlossene Teil
- etwas Pflanzenöl zum Braten
  1 Glas trockener Weißwein
- 2 g Safranfäden
  2,4 l Fischfond
  300 g Sahne
  Salz
  schwarzer Pfeffer aus der Mühle
- 10 Fleischtomaten
  ½ Bund gehackte Petersilie

1 Die Muscheln sorgfältig reinigen, geöffnete Muscheln wegwerfen. Die Muschelbärte entfernen (siehe Tipp). Schalotten und Knoblauch schälen und fein hacken. Fenchel und Lauch waschen, putzen und fein schneiden.

2 Etwas Öl in einem großen Suppentopf erhitzen, Schalotten, Knoblauch, Fenchel und Lauch darin 2 Minuten darin bei mittlerer Hitze anbraten. Die Hitze erhöhen, Muscheln und Weißwein zugeben. Zudecken und nach 1 Minute gut durchrütteln; noch 2 bis 3 Minuten weiterkochen.

3 Die Muscheln sind fertig, wenn sich die Schalen geöffnet haben. Noch geschlossene Exemplare wegwerfen! Die Muscheln mit einem Schaumlöffel aus dem Sud heben. 4 bis 6 davon mit Schale zum Garnieren aufbewahren. Von den restlichen das Fleisch aus der Schale lösen, auskühlen lassen und abgedeckt kalt stellen.

4 Den Safran in 1 Esslöffel kochendem Wasser auflösen. Muschelsud und Gemüse wieder zum Kochen bringen, Fischfond, Safran und Sahne einrühren und alles 5 Minuten schwach kochen lassen, würzen, auskühlen lassen und abgedeckt im Kühlschrank aufbewahren.

5 Die Tomaten häuten, Stielansätze entfernen, die Tomaten entkernen und grob würfeln. Die Suppe langsam zum Kochen bringen, Tomaten und Petersilie hinzufügen. Die Muscheln auf Suppentassen aufteilen, Suppe darüber geben. Mit Muscheln in den Schalen dekorieren.

Tipp

Der Rogen kann beispielsweise mit Zitronen- oder Limettensaft mariniert und nach dem Durchziehen mit fein gehackten Zwiebeln, Knoblauch, Ingwer und/oder Chilischoten sowie etwas Öl verfeinert werden.

Schaschlikspieße von JAKOBSMUSCHELN

Als Vorspeise

Dauer: ca. ½ Stunde

Für 4 Personen

- 16 kleine ausgelöste Jakobsmuscheln
  3–4 kleine Zucchini
- 4 Stängel Koriandergrün
  3 EL Zitronensaft
  ¼ TL gemahlener Koriander
  ¼ TL grob gemahlener roter Pfeffer
  ¼ TL Currypulver
  Salz
  4 EL Öl
- eventuell etwas Öl zum Braten
  1 Stangenweißbrot

1 Den orangefarbenen Rogen vom festen hellen Fleisch der Muschel abtrennen, er wird für dieses Gericht nicht benötigt (Verwendungsmöglichkeit siehe Tipp). Das Muschelfleisch waschen.

2 Die Zucchini waschen, putzen, leicht schräg in 20 Scheiben schneiden, die dieselbe Dicke haben wie die Jakobsmuscheln. Beides abwechselnd auf Holzspieße stecken.

3 Das Koriandergrün waschen, trocknen und die Blättchen fein hacken. Zitronensaft, gemahlenen Koriander, roten Pfeffer, Curry, etwas Salz, das Öl und das Koriandergrün zu einer Marinade verrühren.

4 Die Spieße in die Marinade legen und darin mindestens 5 Minuten ziehen lassen, dabei ab und zu wenden. Den Backofengrill vorheizen oder in einer Pfanne etwas Öl erhitzen.

5 Die Spieße unter dem heißen Backofengrill oder nebeneinander in der Pfanne von jeder Seite 2 bis 3 Minuten grillen. Mit Stangenweißbrot servieren.

Langustino

Der Langustino (frz. Langoustine), auch Kaisergranat oder Scampi genannt, gehört zur Hummerfamilie und hat lange Scheren. Er ist im Geschmack noch zarter als Riesengarnelen.

ItalIENISCHE Bouillabaisse

Als Hauptgericht

Dauer: ca. 50 Minuten

Für 4 Personen

- je gut 50 g Zwiebeln, Karotten, und Knollensellerie
  1 frische rote Chilischote
  20 g geschälter Knoblauch
  12 küchenfertige Calamaretti
- 5 EL Olivenöl
  2 g Safran
  2–3 EL Weißwein
  je ½ l Geflügel- und Muschelfond (ersatzweise 1 l Geflügelfond)
  500 g passierte Dosentomaten
- 200 g Schwertfischfilet ohne Haut
  200 g Zanderfilet mit Haut
  2 halbe Rotbarschfilets mit Haut
  4 geschälte Langustinos
  Salz, Pfeffer
  gemahlener Koriander
  12 Miesmuscheln mit Schale
  1 EL gehackte glatte Petersilie
- 1 Laugenbrötchen
  1–2 Knoblauchzehen

1 Die Zwiebeln schälen, Karotten und Sellerie waschen und putzen und alles grob schneiden. Die Chilischote waschen, nach Belieben von den scharfen Kernen und Trennwänden befreien. Den Knoblauch schälen und zusammen mit dem Gemüse und der Chilischote im Mixer pürieren. Die Calamaretti in feine Ringe schneiden.

2 2 Esslöffel Olivenöl in einem Topf erhitzen. Das Gemüsepüree darin anschwitzen. Safran und Calamaretti-Ringe zufügen. Mit Weißwein ablöschen, einkochen. Geflügel- und Muschelfond zufügen und die passierten Tomaten einrühren. Das Ganze 20 bis 30 Minuten köcheln lassen und dabei um ein Drittel reduzieren.

3 Schwertfisch- und Zanderfilet in grobe Stücke schneiden. Allen Fisch und die Langustinos mit Salz, Pfeffer und Koriander würzen. Die Muscheln gründlich waschen und entbarten (siehe auch Tipp Seite 80) und zusammen mit Fisch und Langustinos in die Suppe geben (die Fischfilets mit der Haut nach oben). Mit dem restlichen Olivenöl beträufeln und mit Petersilie bestreuen.

4 Zugedeckt alles aufkochen lassen. Dann den Topf von der Herdplatte ziehen, den Eintopf etwa 5 Minuten ziehen lassen und abschmecken.

5 Das Laugenbrötchen in Scheiben schneiden, diese rösten und mit Knoblauch einreiben. Den Eintopf in tiefe Teller füllen und die Laugen-Knoblauch-Crostini dazu reichen.

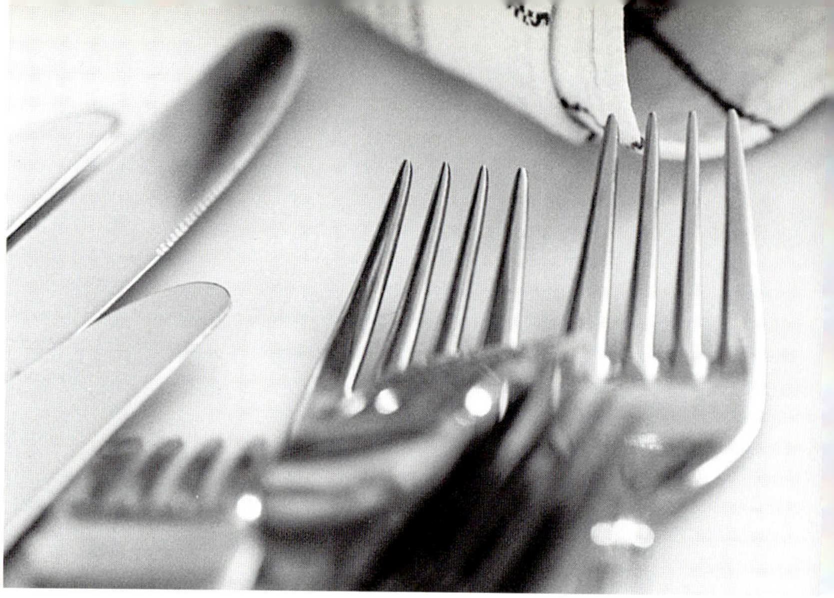

Dunkle Sauce

Als Beigabe

Dauer: ca. 10 Minuten

Für 4 Personen

- Garsud vom eingelegten Thunfisch (siehe nebenstehendes Rezept)
  1 Lebkuchen
  250 g Sahne
  1 EL Johannisbeergelee
  ⅛–¼ l Rotwein
  Salz, Pfeffer

1 Den Garsud des eingelegten Thunfischs durch ein feines Sieb in einen Topf passieren und erwärmen. Den Lebkuchen reiben und mit der Sahne in den warmen Sud geben.

2 Das Ganze aufkochen lassen, das Johannisbeergelee und so viel Rotwein wie gewünscht zugeben. Die Sauce mit Salz und Pfeffer abschmecken.

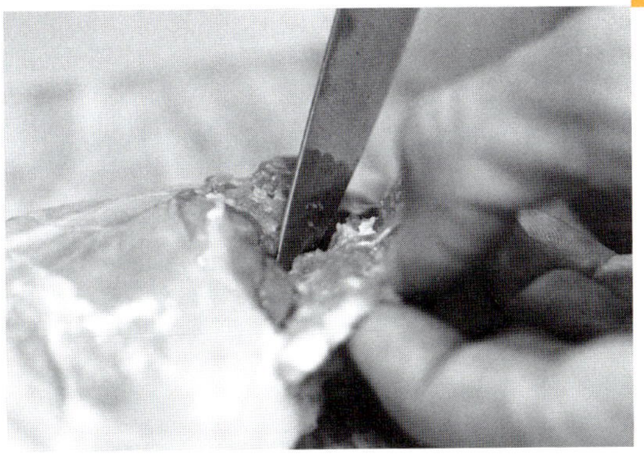

Sushiqualität

Sushiqualität bei Fisch bedeutet, das das Filet ausgesprochen frisch sein muss, am besten sollte der dafür verwendete Fisch noch nicht länger als 24 Stunden aus dem Wasser sein. Tiefgefrorenes und aufgetautes Filet ist ungeeignet, es hat beim Auftauen zu viel Wasser verloren und ist zu weich.

THUNFISCH-Sauerbraten

Als Hauptgericht

Dauer: ca. 50 Minuten

Marinierzeit: ca. 2 Stunden

Für 4 Personen

- 7 Schalotten
  1 Möhre
  je ¼ l Rotweinessig und Rotwein
  Salz
  je 10 schwarze Pfefferkörner und zerdrückte Wacholderbeeren
  5 Nelken
  ½ TL Senfkörner
  5 Lorbeerblätter
  10 Sternanissamen
  ½ TL Koriandersamen
  ½ TL gehackter Majoran
  1 Bund Rosmarin
- 1 kg Thunfischfilet (in Sushiqualität)
  50 g Rosinenje
  1 EL Butter und Butterschmalz

1 Für die Marinade 3 Schalotten schälen und in Scheiben schneiden, die Möhre putzen und klein schneiden. ½ l Wasser mit Essig, Wein, 1 Teelöffel Salz dem Gemüse und allen Gewürzen und Kräutern 5 Minuten kochen lassen, dann lauwarm abkühlen lassen.

2 Das Thunfischfilet in der Marinade 2 Stunden ziehen lassen. Während der Fisch in der Marinade ist, die Rosinen in Wasser einweichen. Die restlichen Schalotten schälen und fein hacken. Den Fisch aus der Marinade nehmen und gut trockentupfen.

3 Butter mit Butterschmalz erhitzen und den Fisch darin anbraten, sodass sich die Poren schließen. Rosinen und gehackte Schalotten dazugeben und bei kleiner Hitze in 5 Minuten glasig dünsten, dabei wiederholt etwas Marinade aufgießen. Dann die restliche Marinade aufgießen und das Fischfilet zugedeckt unter gelegentlichem Rühren etwa 10 Minuten bei kleiner Hitze garen.

4 Den Fisch aus der Pfanne nehmen und warm stellen. Den Sud für die Sauce (siehe nebenstehendes Rezept) aufbewahren.

5 Die Sauce nach dem nebenstehenden Rezept zubereiten und zum aufgeschnittenen Thunfischfilet servieren.

Tipp

Sehr schön sieht das Gericht in Bananenblatt-Tütchen aus (gibt's im Asienladen). Die Blätter waschen und in Vierecke schneiden, dann zu Tüten rollen, mit Holzspießen feststecken und den Tintenfisch hineinfüllen.

scharfe Calamares

Als Hauptgericht oder Snack

Dauer: ca. 25 Minuten

Für 4 Personen

- 450 g Tintenfisch-Tuben
- 1 TL gemahlener Sichuan-Pfeffer oder schwarze Pfefferkörner
  5 getrocknete ganze Chilischoten
  1 EL Salz
  100 g Mehl
- Pflanzenöl zum Frittieren
  etwas Salz zum Servieren

1 Die Tintenfisch-Tuben gründlich putzen und dabei die restliche Haut entfernen. Die Tuben der Länge nach halbieren und in etwa 2 ½ x 5 cm große Stücke schneiden.

2 Den Wok oder eine große Pfanne erhitzen und den Pfeffer und 1 Chilischote darin rösten, bis es duftet. Pfeffer, die Chilischote und das Salz in einen Mörser oder eine stabile kleine Schüssel geben. Mit einem Stößel oder Holzlöffel zu Pulver zerreiben und mit dem Mehl mischen.

3 Das Pflanzenöl im Wok oder in der Pfanne auf gut 180 °C erhitzen (ein hineingetauchter Würfel Weißbrot ist in etwa 40 Sekunden goldbraun). Den Tintenfisch in dem gewürzten Mehl wenden und überschüssiges Mehl abschütteln. Den Tintenfisch etwa 1 Minute im heißen Öl frittieren – Vorsicht mit dem spritzenden Öl! – und anschließend auf Küchenkrepp abtropfen lassen.

4 Wenn der Tintenfisch fertig ist, die restlichen Chilischoten frittieren, bis sie knusprig und dunkel sind. Die Tintenfischstücke auf einem Teller häufen, mit den frittierten Chilischoten dekorieren und salzen.

Fish & Chips

Als Hauptgericht

Dauer: ca. 50 Minuten

Für 4 Personen

- 125 g Mehl
  1 TL Salz
  ¼ l abgestandenes Bier
  50 g Sesam
  10 g Mohnsamen
- 1 kg fest kochende Kartoffeln
  Pflanzenöl oder Frittierfett
- 750 g Dorsch-, Kabeljau- oder Rotbarschfilet
  Salz
  Pfeffer aus der Mühle

1 Für den Bierteig gesiebtes Mehl, Salz und Bier, Sesam und Mohn in einer mittelgroßen Schüssel zu einem sämigen Teig schlagen.

2 Die Kartoffeln schälen und in 1 ½ cm breite Streifen schneiden. Reichlich Öl oder Frittierfett in einer tiefen Pfanne oder in der Fritteuse erhitzen und die Kartoffeln darin in 2 Portionen jeweils 10 bis 12 Minuten unter häufigem Wenden kross braten. Auf Küchenkrepp abtropfen lassen und im mäßig heißen Ofen warm stellen.

3 Den Fisch in 4 gleich große Stücke teilen und mit Küchenkrepp trockentupfen. Die Fischstücke würzen und so in den Teig tauchen, dass sie vollständig mit Teig überzogen sind. Vorsichtig nacheinander in heißem Fett schwimmend backen, von jeder Seite etwa 3 Minuten, bis der Teig goldbraun und knusprig ist. Warm stellen, bis alle Filets gebacken sind. Mit der Petersilien-Vanille-Sauce (siehe nebenstehendes Rezept) servieren.

Vanille

Vanille

Die an einer tropischen Kletterpflanze wachsende Vanilleschote entfaltet ihr charakteristisches Aroma erst, wenn sie fermentiert wird. Dazu wird die Schote mit heißem Wasser(dampf) behandelt, dann getrocknet und muss anschließend verschlossen „schwitzen“. Erst dadurch wird das Vanillin freigesetzt.

Petersilien-Vanille-Sauce

Als Beigabe

Dauer: ca. 20 Minuten

Für 4 Personen

- Salz
  200 g Petersilie ohne Stängel
- 1 Schalotte
  150 g Sahne
  2 Vanilleschoten
- 5 EL kochende Milch
  Pfeffer aus der Mühle

1 Leicht gesalzenes Wasser zum Kochen bringen und die Petersilie hineingeben. Die Blätter 2 Minuten blanchieren, dann in eiskaltem Wasser abschrecken und gut abtropfen lassen. Die Petersilie in ein Tuch wickeln und überschüssiges Wasser ausdrücken.

2 Die Schalotte schälen und in dünne Ringe schneiden. Mit der Sahne und den ganzen Vanilleschoten zum Kochen bringen und um 1/3 einkochen. Die Petersilie zugeben und alles 2 Minuten unter Rühren köcheln lassen.

3 Die Vanilleschote herausnehmen und das Mark auskratzen. Den Topf vom Herd nehmen und die kochende Milch unterrühren. Alles im Mixer fein pürieren, dann durch ein Sieb streichen.

4 Die Petersilien-Vanille-Sauce mit Salz und Pfeffer abschmecken und heiß servieren. Die Sauce passt sehr gut zu Fish & Chips (siehe gegenüberliegende Seite).

Tipp

Wenn Sie die Bolognese etwas sämiger haben wollen, können Sie gegen Ende der Garzeit eine große geschälte mehlig kochende Kartoffel hineinreiben.

Spaghetti mit Heilbutt bolognese

Als Beigabe

Dauer: ca. 3/4 Stunde

Für 4 Personen

- 700 g Heilbuttfilet
  2 EL Zitronensaft
  Salz
- 5 Schalotten
  1 rote Paprikaschote
  2 Fleischtomaten
- 2 getrocknete Chilischoten
  6 getrocknete Tomaten
  500 g Spaghetti
- 4 EL Olivenöl
  200 ml trockener Weißwein
  50 ml weißer Traubensaft
  200 ml Fischfond
- 2 EL gehacktes Basilikum
  2 EL gehackte glatte Petersilie
  schwarzer Pfeffer aus der Mühle

1 Den Fisch abspülen, trockentupfen, in 2 cm große Würfel schneiden, die Stücke mit Zitronensaft beträufeln und schwach salzen.

2 Die Schalotten schälen, die Paprikaschote waschen, halbieren, Stielansatz, Kerne und weiße Trennwände entfernen. Die Tomaten über Kreuz einritzen, kurz in kochendes Wasser geben und sofort mit kaltem Wasser abschrecken. Die Haut abziehen, Stielansätze entfernen und die Tomaten entkernen.

3 Schalotten, Paprikaschote und Tomaten fein würfeln. Die Chilischoten zerreiben und die getrockneten Tomaten fein würfeln.

4 Die Spaghetti in reichlich Salzwasser nach Packungsangabe bissfest kochen, abgießen, abtropfen lassen und bis zum Servieren warm halten.

5 Alles nacheinander in das heiße Olivenöl geben und anbraten. Mit Weißwein und Traubensaft ablöschen, kurz einkochen lassen und mit etwas Fischfond aufgießen.

6 Das Ganze 10 bis 12 Minuten kochen lassen. Mit Basilikum, Petersilie, Salz und Pfeffer abschmecken und zu den Spaghetti servieren.

Shisoblätter

Shisoblätter, die roten oder grünen aromatischen Blätter einer Schwarznesselart, geben in der japanischen Küche vielen Gerichten mit Fisch oder Sojabohnen sowie Eingelegtem eine aromatische Note.

SHISO-
„Krautwickel"

Als Hauptgericht

Dauer: ca. 50 Minuten

Marinierzeit: ca. 1 Stunde

Für 4 Personen

- 1 kg Lachs- oder Forellenfilet, gehäutet
  8 Schalotten oder 4 rote Zwiebeln
  4 Knoblauchzehen
  1 kleine frische Ingwerwurzel
  1 Stängel Zitronengras
  4 Korianderwurzeln mit Stiel und Blättern (aus dem Asienladen)
  1 EL Puderzucker
  1 EL Sojasauce

- 250 g dünne grüne Spargelstangen
  Salz, Pfeffer
  16 in Essig eingelegte Shisoblätter

- etwas Erdnussöl
  1 TL Sojasauce
  etwas Weißwein
  ¼ l Fischfond
  etwas Chilisauce

1 Den Fisch in Würfel schneiden. Schalotten, Knoblauch und Ingwer schälen und fein hacken. Das Zitronengras fein schneiden. Korianderwurzeln mit Grün waschen, putzen und zerkleinern. Alles zusammen mit Zucker und Sojasauce in einer nichtmetallenen Schüssel etwa 1 Stunde ziehen lassen.

2 Den Spargel waschen, im unteren Drittel schälen, holzige Enden abschneiden und die Stangen in feine Scheiben schneiden. Den Fisch mit der Marinade durch einen Fleischwolf zu grobem Brei verarbeiten (nicht pürieren). Den Spargel unterrühren.

3 Die Fischmasse mit Salz und Pfeffer abschmecken, dann mit feuchten Händen zu 16 Bällchen formen, in die Shisoblätter einrollen und jeweils mit einem Holzzahnstocher zustecken.

4 Die Shisorouladen in etwas Erdnussöl anbraten, mit Sojasauce und etwas Weißwein ablöschen, den Fischfond hinzugeben und die Rouladen zugedeckt 10 Minuten ziehen lassen. Danach die Rouladen herausnehmen und den Fond auf ein Drittel einkochen lassen.

5 Die Flüssigkeit durch ein Sieb passieren, etwas Chilisauce unterrühren, die Sauce aufkochen und mit den Shisorouladen servieren.

Tipp

Wenn Sie kein Tempura-Mehl bekommen, nehmen Sie zu gleichen Teilen gesiebtes Mehl und Maisstärke.

asia-Fischstäbchen

Als Hauptgericht

Dauer: ca. ¾ Stunde

Ruhezeit: ca. ½ Stunde

Für 4 Personen

- 125 ml Reiswein
  125 ml Eiswasser
  Salz
  ½ TL gemahlener Koriander
  1–2 EL Tandoori-Pulver
  80 g Tempura-Mehl

- Erdnussöl zum Frittieren
  550 g Fischfilet (Dorsch oder Kabeljau)
  Saft von 1 Zitrone

- 2 kleine Chicorée
  1 Bund Rucola
  1 EL Sesamöl
  1 EL Sojasauce
  1 kleines Bund Koriandergrün
  1 EL süßsaure Chicken-Sauce

1 Reiswein und Eiswasser mischen. Salz, Koriander, Tandoori-Pulver und Tempura-Mehl einrühren. Den Teig 30 Minuten sehr kalt stellen.

2 Das Erdnussöl in einem Topf oder in der Fritteuse auf gut 180 °C erhitzen (ein hineingetauchter Würfel Weißbrot ist in etwa 40 Sekunden goldbraun). Das Fischfilet in breite Streifen schneiden und mit Salz und Zitronensaft würzen. Anschließend die Fischstreifen durch den Tempura-Teig ziehen und portionsweise im heißen Öl 3 bis 4 Minuten frittieren. Auf Küchenkrepp abtropfen lassen und warm halten.

3 Den Chicorée putzen, vom Strunk befreien und in die einzelnen Blätter zerteilen. Rucola verlesen, waschen und trocknen. Sesamöl in einer Pfanne erhitzen. Chicoréeblätter und Rucola darin 3 Minuten unter Rühren braten. Mit Sojasauce ablöschen und etwa 1 Minute köcheln lassen. Den Koriander waschen und trocknen, etwas davon klein hacken und zum Salatgemüse geben. Mit Chicken-Sauce würzen.

4 Das Gemüse auf Teller verteilen. Die Fischstäbchen schräg aufschneiden und darauf legen. Mit frischen Korianderblättchen garnieren.

Basilikum-risotto

Als Beilage

Dauer: ca. 40 Minuten

Für 4 Personen

- ▶ 1 kleine Zwiebel
  2 Knoblauchzehen
  2–3 EL Olivenöl
  1 Thymianzweig
- ▶ 150 g Risottoreis (z. B. Carnaroli)
  Salz
- ▶ ¼ l Weißwein
  75 ml heißer Geflügelfond
  130 g Butter
- ▶ 150 g Basilikumblätter
  50 g Pinienkerne
  1 EL geschlagene Sahne
  80 g Parmesan

1 Zwiebeln und Knoblauch schälen, die Zwiebel würfeln, den Knoblauch leicht zerdrücken. Das Olivenöl in einem Topf erhitzen, Zwiebeln, Knoblauch und Thymian darin anschwitzen.

2 Den Reis zur Zwiebelmischung geben, salzen und alles so lange braten, bis die Spitzen der Zwiebeln angebräunt sind.

3 Den Reis mit Weißwein ablöschen und die Flüssigkeit einkochen lassen. Nach und nach heißen Geflügelfond und die Butter in Flöckchen einrühren.

4 Die Basilikumblätter waschen, trocknen und fein schneiden. Den Parmesan reiben. Wenn der Reis nach etwa 25 Minuten bissfest ist, Basilikum, Pinienkerne, Sahne und Parmesan unterrühren.

5 Das Risotto vor dem Servieren noch einige Minuten zugedeckt ruhen lassen. Er ist eine feine Beilage zur Zander-Saltimbocca (siehe nebenstehendes Rezept).

Salbei

Frische Salbeiblätter schmecken viel feiner und auch süßlicher als getrocknete. Das Braten der Blätter bewirkt ein noch weicheres und intensiveres Aroma.

Zander-Saltimbocca

Als Hauptgericht

Dauer: ca. 1/2 Stunde

Für 4 Personen

- 4 Zanderfilets (à 100 g)
  Pfeffer aus der Mühle
  etwas gemahlener Koriander
  20 frische Salbeiblätter
- 4 große Scheiben Parmaschinken
  30 g Butter
  etwas Mehl für die Salbeiblätter

1 Den Backofen auf 150 °C vorheizen. Die Zanderfilets mit Salz, Pfeffer und je 1 Prise Koriander würzen. Den Salbei waschen und trocknen, auf beide Filetseiten je 1 Salbeiblatt legen.

2 Die Zanderfilets in Parmaschinken wickeln, eventuell mit Zahnstochern feststecken, und in Butter rundum goldgelb anbraten.

3 Die Zander-Saltimbocca auf dem Rost im heißen Ofen in 4 bis 6 Minuten fertig garen. Die übrige Butter erhitzen. Die restlichen Salbeiblätter in Mehl wälzen und in der Butter anbraten.

4 Zum Servieren jede Zander-Saltimbocca aufschneiden; mit den gebratenen Salbeiblättern garnieren. Dazu passt das nebenstehende Basilikumrisotto.

Tipp

Sie können die Teigrollen auch mit Strudelteig zubereiten, der allerdings sehr frisch und etwas feucht sein muss, damit er beim Aufrollen nicht bricht.

ZANDER
in Frühlingsrollenteig

Als Hauptgericht

Dauer: ca. ¾ Stunde

Abkühlzeit: ca. 20 Minuten

Für 4 Personen

- 100 g Staudensellerie
  100 g Bundmöhren
  100 g Fenchel
  100 g Frühlingszwiebeln
  100 g glatte Petersilie
- 50 ml Sesamöl
  60 g Austernsauce
  1 EL Kurkumapulver
  Salz
- 600 g Zanderfilet ohne Haut
  2 EL Pernot
  Frittierfett
- 8 Blätter Frühlingsrollenteig
  1 Eiweiß

1 Staudensellerie, Bundmöhren und den Fenchel waschen, schälen bzw. putzen und in feine Würfel schneiden. Die Frühlingszwiebeln waschen und putzen und von der Knolle her in feine Scheiben schneiden. Die Petersilie waschen, trocknen und fein hacken.

2 Nach und nach das Gemüse in heißem Sesamöl kurz anbraten, mit Austernsauce, Kurkuma und Salz würzen und die gehackte Petersilie beigeben. Alles in eine Schüssel füllen und erkalten lassen.

3 Das Zanderfilet so fein wie Tatar schneiden, mit Pernot parfümieren und unter das erkaltete Gemüse mischen. Das Frittierfett in einem Topf oder einer Fritteuse auf 180 °C erhitzen (ein hineingetauchter Würfel Weißbrot ist in knapp 1 Minute goldbraun).

4 Die Teigblätter auf einem Tuch ausbreiten und jeweils längs das Ragout darauf geben, sodass auf beiden Seiten ein etwa 1 cm breiter Rand frei bleibt. Die Ränder mit verschlagenem Eiweiß bestreichen. 2 gegenüberliegende Randstreifen einschlagen, dann die Blätter von der Schmalseite her aufrollen. Im heißen Frittierfett goldbraun backen und auf Küchenkrepp entfetten.

Shrimps

Tipp

Die Frühlingsrollen rasch servieren, denn beim Warmhalten verlieren Sie bald ihre Knusprigkeit.

Frühlingsrollen mit SHRIMPS

Als Vorspeise

Dauer: ca. ½ Stunde

Für 4 Personen

- 180 g aufgetaute TK-Shrimps (ohne Schale)
  1 Möhre
  2 kleine Zwiebeln
  3 Knoblauchzehen
  1 Zucchini
  100 g Champignons
- 5 EL Keimöl
  1 EL Speisestärke
  5 EL Sojasauce
  2 EL Aceto balsamico
  1 EL Zucker
  5 EL Sesamöl
  2 EL gehackte Petersilie
- ½ l Pflanzenöl zum Frittieren
  12 Blätter Frühlingsrollenteig
  1 Eigelb

1 Die Shrimps trockentupfen. Möhre, Zwiebeln und Knoblauch schälen. Die Zucchini waschen und die Enden abschneiden. Die Champignons mit einem trockenen Tuch abreiben. Das Gemüse in feine Streifen schneiden.

2 Im Wok oder in einer großen Pfanne 2 Esslöffel Keimöl erhitzen, die Shrimps darin kurz kräftig anbraten und wieder herausnehmen. Das restliche Keimöl erhitzen und die Gemüsestreifen darin kurz anbraten, sodass sie noch Biss haben. Die Shrimps zum Gemüse geben.

3 Die Stärke mit Sojasauce, Aceto balsamico, Zucker, Sesamöl und Petersilie verrühren. Die Mischung unter das Gemüse rühren, alles einmal aufkochen und auskühlen lassen.

4 Das Pflanzenöl in einem Topf oder einer Fritteuse auf 180 °C erhitzen (ein hineingetauchter Würfel Weißbrot ist in knapp 1 Minute goldbraun). Die Teigblätter auf der Arbeitsfläche ausbreiten und die Gemüse-Shrimps-Füllung so darauf verteilen, dass rundum jeweils ein etwa 1 cm breiter Rand frei bleibt.

5 Die Teigränder mit verquirltem Eigelb bestreichen. 2 gegenüberliegende Randstreifen einschlagen, dann die Blätter von der Schmalseite her aufrollen. Die Frühlingsrollen im heißen Fett hellbraun frittieren und auf Küchenkrepp abtropfen lassen.

Verrückte Naschwerke: Süße Verführer

Himmlisch Lecker

Es ist so einfach, an süße Gerichte das gewisse Etwas zu zaubern. Wenn Milchreis als Tarte gekrönt, Pfannkuchen mit Zitronengras verfeinert und der Milchshake mit Tequila vermählt wird, dann haben sie jeder für sich schon einen kulinarischen Oskar verdient.
Es ist die schiere Lust, wenn Verführerisches zum Dessert oder einfach nur zwischendurch gereicht wird.
So werden aus vertrauten Speisen sensationelle Newcomer.

Tipp

Wenn Sie das Beerenpüree selbst herstellen, können Sie die Erdbeeren roh pürieren, die schwarzen Johannisbeeren sollten vorher weich gekocht werden. Das Püree dann durch ein Sieb streichen und nach Geschmack süßen.

Rote Grütze mit Krapfen

Als Dessert

Dauer: ca. 1 Stunde

Ruhezeit: ca. 40 Minuten

Für 4 Personen

▶ 50 g Speisestärke
100 ml Grand Marnier
¼ l trockener Rotwein
¼ l Orangensaft
½ Zimtstange
100 g Zucker
50 g Johannisbeergelee
50 g Erdbeer- oder Cassispürre
je 100 g Himbeeren, Brombeeren, rote und schwarze Johannisbeeren (frische oder TK-Ware)

▶ 1 Ei, 2 Eigelb
30 g Zucker, 250 g Mehl
1 EL lauwarme Milch
20 g frische Hefe
3 EL Rum, 2 EL Öl
Salz

▶ Mehl für die Arbeitsfläche
500 g Butterschmalz zum Frittieren
etwas Puderzucker zum Bestäuben

1 Die Speisestärke mit etwas Grand Marnier glatt rühren. Den restlichen Grand Marnier mit Wein, Saft, Zimt, Zucker, Gelee und Fruchtpüree in einen Topf geben, alles gut verrühren und aufkochen. Mit der angerührten Speisestärke abbinden.

2 Frische Beeren waschen und putzen. Die Beeren in den Fond geben und alles vorsichtig verrühren. Den Topf vom Herd nehmen und die Grütze darin abkühlen lassen. 60 ml von der roten Grütze abnehmen und pürieren.

3 Ei, Eigelbe und Zucker über einem heißen Wasserbad schaumig schlagen. Mehl, Milch, Hefe, Rum, Öl, 1 Prise Salz und die pürierte rote Grütze dazugeben. Alles in einer Küchenmaschine zu einem geschmeidigen Teig verkneten. Abgedeckt an einem warmen Ort zur doppelten Größe aufgehen lassen.

4 Den Teig auf einer bemehlten Arbeitsfläche nochmals kurz durchkneten und ausrollen. In Rauten von 5 cm Kantenlänge schneiden und diese mit einem Teigrädchen in der Mitte zweimal einschneiden. Abgedeckt an einem warmen Ort nochmals kurz gehen lassen.

5 Das Butterschmalz in einem Topf oder in der Fritteuse auf gut 180 °C erhitzen (ein hineingetauchter Würfel Weißbrot ist in etwa 40 Sekunden goldbraun) und die Krapfen im heißen Schmalz goldbraun ausbacken. Auf Küchenkrepp abtropfen lassen und mit Puderzucker bestäuben. Mit der roten Grütze servieren.

Kaktusfeigen

Kaktusfeigen sind die Früchte der heute in allen warmen und trockenen Gegenden wachsenden Feigenopuntie. Reife Kaktusfeigen sind zumindest teilweise rot gefärbt und haben ein saftiges, im Geschmack an Birne erinnerndes Fruchtfleisch.

Milchshake mit Schuss

Als Digestif

Dauer: ca. ¼ Stunde

Für 4 Personen

- 2 Kaktusfeigen
  1 Mango
- 80 ml Lemonjuice
  160 ml brauner Tequila
  je ¼ l Orangen- und Ananassaft
  150 ml Milch
  1 Prise Salz
  2 Eigelb
  3 Kugeln Zitroneneis
  2 EL Ahornsirup
- 4 Blättchen Zitronenmelisse

1 Die Kaktusfeigen wegen der stacheligen Schale vorsichtig mit Messer und Gabel schälen. Das Fruchtfleisch grob zerkleinern.

2 Die Mango halbieren und den Stein entfernen. Das Mangofleisch gitterförmig bis zur Schale einritzen, die Schale eindrücken, sodass sich das Fruchtfleisch nach oben wölbt und die Würfel von der Schale schneiden.

3 Kaktusfeigen- und Mangofruchtfleisch mit allen anderen Zutaten bis auf die Zitronenmelisse mit einem Mixer kräftig durchmixen.

4 Den Milchshake auf hohe Gläser verteilen und mit Zitronenmelisseblättchen garnieren.

Tipp

Garnieren Sie die Tarte nach Belieben mit Dörrobststückchen und mit Zitronenschalenstreifen oder ganzen Haselnüssen auf Sahnetupfern.

Milchreis-tarte

Als Dessert

Dauer: ca. 40 Minuten

Back-/Garzeit: ca. 40 Minuten

Für 4 Personen

- ca. 125 g gemischtes Dörrobst
  1 l Milch
  Salz
  250 g Milchreis
  abgeriebene Schale von 1 unbehandelten Zitrone
  1 Vanilleschote
  etwas Zucker

- 400 g Blätterteig
  Mehl für die Arbeitsfläche und die Form
  etwas Butter für die Tarteform
  35 g Marzipanrohmasse
  2 EL gemahlene Haselnüsse

- 3 Eigelb
  2 Eier
  100 g Sahne
  100 ml Milch

1 Das Dörrobst waschen, trocknen und klein schneiden. Die Milch mit 1 Prise Salz in einem Topf erhitzen. Nach kurzem Aufkochen den Reis hineinrieseln lassen. Die abgeriebene Zitronenschale, das ausgekratzte Mark der Vanilleschote, Zucker nach Geschmack und das Dörrobst dazugeben.

2 Den Reis unter ständigem Rühren etwa 20 Minuten kochen lassen. Der Reis sollte noch leichten Biss haben, da er anschließend noch im Backofen gebacken wird. Den Backofen auf 200 °C vorheizen.

3 Inzwischen den Blätterteig auf einer bemehlten Arbeitsfläche dünn ausrollen. Den Blätterteig so in die gebutterte und bemehlte Tarteform legen, dass der Rand ebenfalls belegt ist. Die Marzipanrohmasse mit den Haselnüssen vermengen und auf dem Teig verteilen. Den belegten Teig 10 bis 12 Minuten im heißen Ofen vorbacken, dann erkalten lassen. Den Ofen angeschaltet lassen.

4 Für den Guss Eigelbe, ganze Eier, Sahne und Milch miteinander verrühren. Den Milchreis auf dem vorgebackenen Tarteboden verteilen; mit dem Guss bis zum Rand auffüllen. Die Tarte im heißen Ofen so lange backen, bis der Guss stockt.

Tipp

Pfannkuchen gelingen am besten bei mittlerer Hitze, bei zu geringer Hitze haftet der Teig am Pfannenboden an. Sobald sich auf der Oberfläche kleine Bläschen zeigen, kann der Pfannkuchen gewendet werden.

Zitronengras-pfannkuchen mit Mango-Joghurt-Creme

Als Dessert

Dauer: ca. 50 Minuten

Durchziehen: ca. 12 Stunden

Für 4 Personen

- 400 g Zitronengras
  250 ml Milch
  1 EL Zucker
  Salz
  100 g Mehl
  2 Eier
  4 Eigelb
  25 g zerlassene Butter
  2 EL Limettensaft
- 1 Mango
  300 g Naturjoghurt
  150 g Puderzucker
  200 g Sahne
- etwas Fett für die Pfanne
  etwas Puderzucker zum Bestäuben
  feine Schalenstreifen von 1 unbehandelten Limette

1 Das Zitronengras waschen und fein schneiden; mit Milch, Zucker und 1 Prise Salz aufkochen und über Nacht ziehen lassen. Das Zitronengras mit Hilfe eines Siebes entfernen und die Flüssigkeit mit Mehl, Eiern, 2 Eigelben, Butter und Limettensaft glatt rühren. Den Teig stehen lassen, bis die Creme für die Füllung vorbereitet ist.

2 In der Zwischenzeit die Mango schälen, das Fruchtfleisch vom Kern schneiden, in kleine Würfel schneiden und mit dem Joghurt verrühren. Die restlichen Eigelbe im heißen Wasserbad mit dem Puderzucker schaumig schlagen, dann die Masse kalt schlagen und mit dem Mango-Joghurt vermengen. Die Sahne steif schlagen, vorsichtig unterheben und die Creme kalt stellen.

3 Eine beschichtete Pfanne mit eingefettetem Küchenkrepp ausreiben, erhitzen und etwas Pfannkuchenteig in die Pfanne gießen; durch Schwenken verteilen. Den Pfannkuchen von beiden Seiten goldbraun backen. Herausnehmen und im Backofen heiß halten, bis die restlichen Pfannkuchen gebacken sind.

4 Die Pfannkuchen auf Servierteller legen. In die Mitte jedes Pfannkuchens einen Teil der Creme geben und den Pfannkuchen zusammenklappen. Mit Puderzucker und Limettenzesten garniert servieren.

Pfeilwurzelmehl

Pfeilwurzelmehl ist reine Stärke, die aus den Wurzelstöcken der exotischen Pfeilwurz gewonnen wird und mit ihrem neutralen Geschmack zum Andicken von süßen wie auch pikanten Speisen verwendet wird. Als Ersatz kann Kartoffelstärke dienen.

Bananenpudding aus dem Ofen

Als Dessert

Dauer: ca. 15 Minuten

Reduzieren: ca. 50 Minuten

Back-/Garzeit: ca. 1 ¾ Stunden

Für 4 Personen

- 250 g Zucker
  7–8 reife Bananen
- 60 g Pfeilwurzelmehl
  60 ml Milch
  Öl für die Form
- ca. 400 ml ungesüßte Kokosmilch
  Puderzucker zum Bestäuben

1 Den Zucker in einer schweren Bratpfanne mit 180 ml kochendem Wasser übergießen und bei milder Hitze auflösen. Inzwischen die Bananen schälen und zerdrücken.

2 Das Bananenmus in das Zuckerwasser einrühren und leise köcheln lassen, bis das Mus anfängt, dunkel und etwas rosa zu werden und am Pfannenboden zu kleben. Weiterkochen lassen und dabei etwa alle 8 Minuten die Schicht, die sich am Pfannenboden gebildet hat, ablösen, umrühren und das Mus sich wieder setzen lassen. So verfahren, bis das Mus eine satte dunkle Farbe angenommen hat und die Menge auf etwa 250 ml reduziert ist. Das dauert etwa 50 Minuten. Etwas abkühlen lassen.

3 Inzwischen den Backofen auf 180 °C vorheizen. Das Pfeilwurzelmehl mit der Milch anrühren und mit dem leicht abgekühlten Bananenmus vermischen. Alles in eine leicht geölte, runde feuerfeste Form (etwa 17 cm Ø, mindestens 2,5 cm tief) geben und ohne Deckel im heißen Ofen bei 180 °C 1 bis 1 ¼ Stunden backen, bis der Pudding gestockt ist.

4 Den Pudding mit einer Gabel oder einem Zahnstocher gleichmäßig einstechen und mit dem größten Teil der gut durchgerührten Kokosmilch begießen. Den Pudding noch einmal 20 bis 30 Minuten in den ausgeschalteten Ofen stellen, herausnehmen.

5 Den etwas abgekühlten Pudding in Stücke schneiden und lauwarm oder kalt mit Puderzucker bestäubt und mit der restlichen Kokosmilch beträufelt servieren.

Serviertipp

Stechen Sie das Tiramisu mit einer runden Form aus und servieren es in einem Glas.

Tiramisu mit weißer Schokolade

Als Dessert

Dauer: ca. 1 Stunde

Kühlzeit: ca. 2 Stunden

Für 4 Personen

- 5 Eier
  175 g Zucker
  125 g Mehl

- ¼ l heißer frisch gebrühter Kaffee
  1 TL Espressopulver
  100 g brauner Zucker
  8 EL irischer Whiskey
  1 kg Sahne
  250 g weiße Kuvertüre
  4 Eigelb
  Salz

- 2 Blatt Gelatine
  4 EL Wodka
  200 g Schokoflocken

1 Den Backofen auf 200 °C vorheizen. Die Eier mit 125 g Zucker schaumig schlagen und das gesiebte Mehl vorsichtig unterheben. Die Biskuitmasse auf einem mit Backpapier ausgelegten Backblech gleichmäßig verstreichen und im heißen Ofen in etwa 10 Minuten goldgelb backen. Herausnehmen, stürzen, das Backpapier entfernen und den Biskuit erkalten lassen.

2 Den Irish Coffee herstellen: Den heißen Kaffee mit Espressopulver, braunem Zucker und dem Whiskey vermischen, erkalten lassen und 100 g flüssige Sahne unterrühren. Die Kuvertüre im Wasserbad schmelzen. Die Eigelbe mit 1 Prise Salz und dem restlichen weißen Zucker ebenfalls in einem Wasserbad schaumig schlagen, dann aus dem Wasserbad nehmen und kalt schlagen.

3 Die Gelatine in kaltem Wasser einweichen. Den Wodka leicht erwärmen und die ausgedrückte Gelatine darin auflösen. Diese Flüssigkeit und die geschmolzene Kuvertüre unter die Eigelbmasse ziehen. Die restliche Sahne leicht steif schlagen und vorsichtig unter die Moussemasse heben.

4 Den Biskuit zuschneiden und in eine Auflaufform legen, mit ein wenig von dem Irish Coffee beträufeln und einen Teil von der weißen Schokoladenmousse darauf verteilen. Diesen Vorgang so oft wiederholen, bis die Zutaten verbraucht sind. Mit den Schokoflocken bestreuen und das Tiramisu für etwa 2 Stunden kühl stellen.

Alphabetisches Rezeptverzeichnis

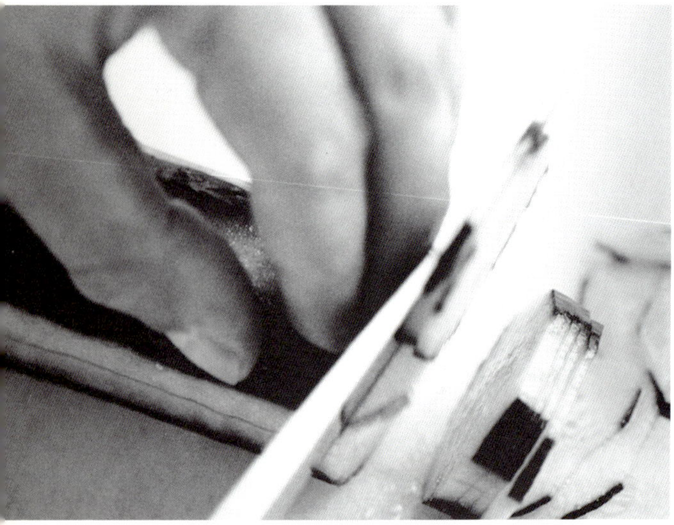

Rezeptverzeichnis nach Rubriken

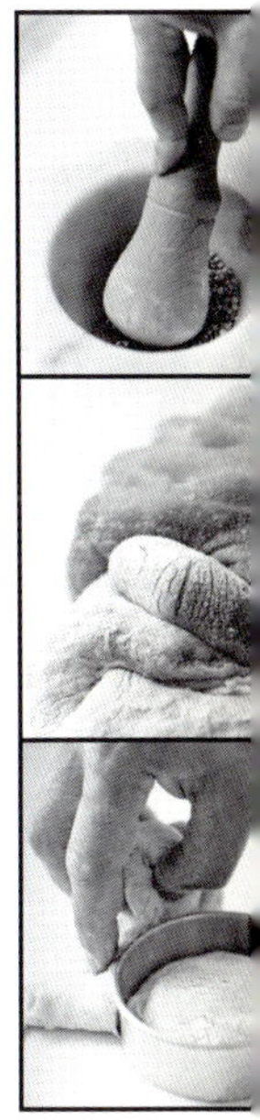

Im FALKEN Verlag sind zahlreiche Titel zum Thema „Essen und Trinken“ erschienen.
Sie erhalten sie überall dort, wo es Bücher gibt.

Sie finden uns im Internet: **www.falken.de**

Besuchen Sie auch die Internetseiten von Frank Buchholz unter:
www.frank-buchholz.de

Dieses Buch wurde auf chlorfrei gebleichtem und säurefreiem Papier gedruckt.

Der Text dieses Buches entspricht den Regeln der neuen deutschen Rechtschreibung.

ISBN 3 8068 7574 x

Umschlaggestaltung: Martina Eisele, München
Layout: Johannes Steil, Wiesbaden
Redaktion: Bettina Snowdon
Lektorat: Claudia Schmidt
Verfassen der Fließtexte: Martina Sommer
Herstellung: Petra Zimmer
Rezeptfotos: Jan C. Brettschneider, Hamburg
Foodstyling: Pio, Hamburg
Styling: Karin Siebecke, Hamburg
Weitere Fotos im Innenteil: Jan C. Brettschneider
Satz: FALKEN Verlag, D-65527 Niedernhausen/Ts.
Druck: Appl, Wemding

817 2635 4453 6271